stephenie meyer

A rainha do crepúsculo

Chas Newkey-Burden

stephenie meyer

A rainha do crepúsculo

Tradução
Leonardo Castilhone

Título original: *Stephenie Meyer - The Queen of Twilight*
Copyright © 2010, Chas Newkey-Burden
Tradução autorizada mediante acordo com John Blake Publishing Ltda.

Todos os direitos reservados. Nenhuma parte deste livro pode ser reproduzida ou usada de qualquer forma ou por qualquer meio, eletrônico ou mecânico, inclusive fotocópias, gravações ou sistema de armazenamento em banco de dados, sem permissão por escrito, exceto nos casos de trechos curtos citados em resenhas críticas ou artigos de revistas.

A Editora Pensamento-Cultrix Ltda. não se responsabiliza por eventuais mudanças ocorridas nos endereços convencionais ou eletrônicos citados neste livro.

Coordenação editorial: Manoel Lauand

Capa e projeto gráfico: Gabriela Guenther

Editoração eletrônica: Estúdio Sambaqui

Foto da capa: © Katy Winn/Corbis/Corbis (DC)/Latinstock

Foto da contracapa: © SUMMIT ENTERTAINMENT / Album

Dados Internacionais de Catalogação na Publicação (CIP)
(Câmara Brasileira do Livro, SP, Brasil)

Newkey-Burden, Chas
    Stephenie Meyer : a rainha do crepúsculo / Chas Newkey-Burden ; tradução de Leonardo Castilhone. -- São Paulo : Seoman, 2010.

    Título original: Stephenie Meyer : the queen of twilight.
    Bibliografia.
    ISBN 978-85-98903-18-7

    1. Autores norte-americanos – Biografia. 2. Meyer, Stephenie, 1973– I. Título.

10-03886   CDD-811.54

Índices para catálogo sistemático:
1. Autores norte-americanos : Biografia   811.54

O primeiro número à esquerda indica a edição, ou reedição, desta obra. A primeira dezena à direita indica o ano em que esta edição, ou reedição, foi publicada.

Edição
_____
1-2-3-4-5-6-7

Ano
_____
10-11-12-13-14-15

Seoman é um selo editorial da Pensamento-Cultrix.
Direitos de tradução para o Brasil
adquiridos com exclusividade pela
EDITORA PENSAMENTO-CULTRIX LTDA.
R. Dr. Mário Vicente, 368 — 04270-000 — São Paulo, SP
Fone: (11) 2066-9000 — Fax: (11) 2066-9008
E-mail: pensamento@cultrix.com.br
http://www.pensamento-cultrix.com.br
que se reserva a propriedade literária desta tradução.
Foi feito o depósito legal.

Para Tal – sempre além do trivial.

AGRADECIMENTOS

Agradeço profundamente a John Blake, Amy McCulloch, Andy Armitage, Chris Morris, Lucy Bows, Tal Hevroni, Jonathan Sacerdoti e Noga Avital Tairy por sua ajuda e entusiasmo.

SUMÁRIO

11 Prefácio

13 Introdução

17 Capítulo Um: Uma Infância Mórmon

35 Capítulo Dois: Desafios na Universidade

55 Capítulo Três: Um Sonho Maravilhoso

95 Capítulo Quatro: O Efeito Vampiro

115 Capítulo Cinco: Formaturas e Luzes Brilhantes

143 Capítulo Seis: A Hospedeira

165 Capítulo Sete: Sereias em Malibu

189 Bibliografia de Stephenie Meyer

191 Bibliografia

PREFÁCIO

"Todos sonhamos muito, alguns são sortudos, outros não."
– Do musical *Joseph & The Amazing Technicolor Dreamcoat*

STEPHENIE MEYER NUNCA SE CONSIDEROU uma pessoa que costumava ter muita sorte. "Eu, normalmente, não tenho nenhuma", lamentou-se a autora. "Nunca ganhei nada em minha vida; ninguém pega um peixe se eu estou no barco". Por isso ela não tinha a menor ideia, quando fechou seus olhos e adormeceu profundamente naquela noite em 2003, que o que estava prestes a acontecer durante seu sono mudaria sua vida para sempre, tornando-a mundialmente famosa e extremamente rica.

Era a primeira noite de junho e o verão seguia seu curso. Ao dormir tranquilamente, Stephenie navegou pelo mais vívido dos sonhos: viu uma adolescente comum e um jovem rapaz que era "fantasticamente belo" – mas que também era um vampiro. O casal estava deitado lado a lado num idílico e deserto prado no meio de uma floresta. Nesta esfera tranquila, o desejo que sentiam um pelo outro era forte e visceral, porém, ainda assim, tudo o que faziam era conversar. Expressavam seu anseio mútuo e discutiam sobre o fato de que o vampiro tinha que se refrear para não atacá-la e sugar seu sangue.

A garota lhe disse: "Prefiro morrer a ficar longe de você".

O vampiro retribuiu, prometendo que nunca a machucaria, mesmo desejando intensamente seu fluido vital. As cores e sons do sonho eram claros; a forma com que o casal discutia suas hesitações era tocante e estranhamente perturbadora. A incomum e poderosa combinação de um amor inocente com o impulso sinistro dele fez o sonho ser insólito, mas memorável e surpreendente em sua exuberância.

Quando Stephenie despertou, decidiu que este era um sonho muito poderoso para simplesmente ser esquecido e superado. Então ela se deitou na cama por alguns instantes, silenciosamente reproduzindo o drama em sua mente, levantou-se, e, o mais breve que pôde, sentou-se em sua escrivaninha, ligou seu computador e começou a digitar com riqueza de detalhes sua intensa fantasia noturna. Porém, a esta altura, ela não almejava fama, ou mesmo uma publicação. Ela escrevia a história com apenas uma leitora em mente: ela mesma. "Eu tinha uma audiência bem específica: uma mãe de vinte e nove anos com três filhos", ela disse.

Meyer não poderia imaginar naquele instante, mas sua história seria lida por dezenas de milhões de fãs devotos e sua vida nunca mais seria a mesma.

INTRODUÇÃO

STEPHENIE MEYER É UMA SENSAÇÃO NO MUNDO EDITORIAL. Mais de 85 milhões de cópias da série de livros *Crepúsculo* foram vendidas ao redor do mundo, nos primeiros três anos, desde seu lançamento – e elas continuam sumindo das prateleiras. Sua popularidade é abrangente: durante várias semanas, em 2009, seus cinco romances estiveram entre os 10 mais vendidos nos Estados Unidos e Inglaterra. No ano anterior, sozinha, ela vendeu 27 milhões de livros em 37 países e eles continuam a vender imensas quantidades em lojas ao redor do mundo, nas 38 línguas para os quais foram traduzidos e publicados até o momento. Suas histórias são, também, uma sensação cinematográfica. O primeiro filme, *Crepúsculo*, arrecadou sozinho cerca de 300 milhões de dólares ao redor do globo e quase 10 milhões de DVD's foram arrebatados por fãs ávidos. Com a continuação da saga também nas telonas, a mesma empolgação pôde ser observada: quando o *trailer* do filme *Lua Nova* foi divulgado na internet, obteve uma quebra de recorde de visitas a uma página eletrônica: 10,6 milhões em apenas sete dias. Somente no Reino Unido, arrecadou um milhão de libras esterlinas nas bilheterias, antes mesmo de sua estreia.

Como resultado de tudo isso, surge um número ainda mais pertinente: a fortuna pessoal de Stephenie é estimada em quase 100 milhões de dólares.

No epicentro deste redemoinho de histeria, devoção vampiresca e sucesso financeiro, aparece uma situação inusitada: Stephenie é uma amorosa e despretensiosa mãe que morre de medo de livros ou filmes de terror. Ela segue a rígida linha preconizada pela controversa religião Mórmon. Longe de acreditar no potencial comercial de sua história, ela praticamente adoeceu com o choque que teve quando se deu conta de que fechara seu primeiro contrato editorial e, uma vez que sua obra – *Crepúsculo* – tornou-se um sucesso, vomitava de nervoso frequentemente antes de suas aparições públicas para promovê-la. Ela é, de certa maneira, uma estrela insegura.

As vendas de Stephenie poderiam facilmente atingir os números da autora de *Harry Potter*, J.K. Rowling, cuja fortuna particular, resultante de seu sucesso, é estimada em cerca de 560 milhões de libras esterlinas. No entanto, ela é rápida ao desconversar: "Podemos comparar um lago com um oceano: ambos são plenos d'água, mas não são iguais", disse Stephenie, que frequentemente rejeita comparações entre ela e Rowling. "Sou uma fã de seus livros. Mesmo os meus vendendo de forma fenomenal, nunca haverá outra J.K. Rowling. É claro que fico lisonjeada quando isto é mencionado, mas é só!"

Seus sentimentos humildes não são compartilhados por muitos observadores. Para resumir a atração da série *Crepúsculo*, o influente jornal americano *USA Today* declarou: "Com licença, Harry Potter".

Uma figura importante do mercado editorial americano concorda: "Seus fãs são muito leais", disse a compradora de livros Faith Hochhalter, "tirando J.K. Rowling, nunca vi nada nesta escala – é quase um status de estrela do rock".

Leais mesmo: uma fã de 13 anos disse que "ela pode tornar qualquer coisa interessante. Eu leria livros de matemática, se Stephenie os escrevesse".

De fato, os leitores mais jovens são os mais críticos e voláteis que existem. É um feito e tanto construir um devoto e leal grupo de fãs nesta faixa etária. As garotas, que compõem a maioria de seus seguidores, inclusive orgulham-se de seu senso crítico. Se ela ainda não estava ciente deste fato, isto foi demonstrado claramente quando foi abordada por uma fã enquanto participava de uma sessão de autógrafos em Salt Lake City: "Você é, tipo, minha autora favorita", disse uma menina de onze anos. "Sou uma pessoa que julga muito os escritores, mas não tenho nada de ruim para falar a seu respeito. Quero dizer, sou realmente durona: nem mesmo gostei de Harry Potter!" Outra fã na mesma cidade disse a Stephenie que seus livros impediram-na de cometer suicídio.

O prestígio de Stephenie sobre seu séquito é impressionante. Ela, até mesmo, inspirou a criação de uma banda pop em tributo a seu trabalho – Bella Cullen Project, um trio do Texas influenciado pelo *Crepúsculo*.

Os membros da banda – junto com a maioria dos fãs de *Crepúsculo* – são garotas adolescentes. A questão do gênero é relevante para Stephenie. Ao escrever sobre vampiros, lobisomens e alienígenas em seus vários romances, ela sobrepujou alguns terrenos bem *nerds*, e, por conseguinte, amplamente *masculinos*. Os paradoxos de sua identidade são interessantes: ela se autointitula "uma garotinha", mas demonstra muitos traços tradicionais de uma moleca. Deixadas as questões de gênero de lado, no entanto, não há dúvidas quanto a sua popularidade.

Portanto, o que há de tão atraente nas histórias de Stephenie? Nem a própria autora sabe a resposta. "Não tenho ideia", ela disse. "Leio muitos livros e alguns que adoro realmente são populares, porém existem outros que apenas penso: 'Por que este livro não está sendo lido por todas as pessoas no mundo? É tão incrível.' Por que isto sempre acontece? Não sei por que as pessoas reagem de uma determinada forma a certos livros."

E seus fãs, com certeza, reagem – aos milhões. Stephenie Meyer criou um laço emocional ao redor do globo, e tal empolgação não mostra sinais de estar chegando ao fim. Há uma lista de espera de mais de mil pessoas para a cópia de *Lua Nova* em uma biblioteca de uma escola americana.

Ela não apenas encantou leitores, mas também inspirou futuros escritores. "Às vezes sinto-me um pouco como uma embaixadora para as pessoas que querem escrever, pois represento quão sortudo alguém pode ser", ela diz. "Para a maioria das pessoas é uma jornada extremamente difícil – ser publicada, escrever seu primeiro livro, sair da toca. Para mim foi como ser atingida por um relâmpago, de onde vim, sendo uma mãe dona de casa, para, de repente, sem muito esforço de minha parte, ser uma mãe dona de casa com uma promissora carreira como escritora. Gosto de dizer aos outros que isto pode acontecer." Ela diz que apenas deu sorte, mas todo seu sucesso é imensamente merecido. De toda forma, contudo, ela está certa ao dizer que sua fama é um ótimo exemplo àqueles que querem ser a próxima Stephenie Meyer.

Eis aqui sua fascinante e inspiradora história.

Meyer passou seus primeiros anos de vida em Connecticut, um dos primeiros estados da América, que foi fundado no início do século XVII por intrépidos mercadores de pele holandeses. Localiza-se no nordeste dos Estados Unidos, fazendo fronteira com os estados de Nova York, Massachusetts e Rhode Island. É o quarto estado mais populoso daquele país e muitos de seus moradores possuem um alto nível de prosperidade, embora tendam ao lado mais democrático do espectro político. Entre outros americanos famosos que viveram lá, estão o escritor Mark Twain, o ex-presidente George W. Bush e a estrela de cinema Meg Ryan.

Connecticut é uma região mais fria no inverno, mas Stephenie não teve que se preocupar muito com isso, pois a família manteve um lar ali só por alguns anos. Assim que Stephenie nasceu naquela véspera de Natal, seu pai, Stephen, e sua mãe, Candy, ficaram extremamente orgulhosos. Decidiram nomeá-la após seu orgulhoso pai adicionar apenas duas letras ao fim de seu próprio nome, tornando o nome de sua filha recém-nascida Stephenie. Esta maneira ligeiramente pouco convencional de escrever o nome levou-a a uma vida de frustrações.

"Enlouqueceu-me, porque foi escrito de maneira errada por toda minha vida", disse. De fato, ela se refere ao seu nome de maneira sutil em sua obra *Amanhecer* na forma de uma personagem cujo nome do meio é Carlie. "Carlie. Com um C. Como Carlisle e Charlie juntos", ela disse, referindo-se aos primeiros nomes de dois de seus personagens de seus livros.

Stephenie é a segunda de seis filhos, vinda após Emily e antes de outros quatro Morgans, como a família se orgulha. Ela, mais tarde, descreveria a família naquele tempo como sendo parecida com o famoso clã da televisão *Brady Bunch* (*A Família Sol-Lá Si-Dó*), seriado que era imensamente popular nos anos 1960 e 1970. "Eu preenchia o papel de Jan Brady em minha família", ela completou.

Interpretada por Eve Plumb, Jan foi atormentada pelas inseguranças da pré-adolescência. Porém, a personagem estava mais para uma pintora que uma escritora e, eventualmente, tornou-se uma arquiteta. Stephenie, todavia, cessa rapidamente as comparações quando se trata de Carol Brady, a mãe da família da televisão, interpretada por Florence Henderson. "Nunca tivemos uma empregada, portanto minha mãe é claramente superior à personagem de Florence Henderson", ela disse, "e também possui uma voz mais bonita."

A família estava crescendo, então uma mudança era uma das opções para o clã dos Morgan. Havia uma grande reviravolta no horizonte para a jovem Stephenie quando seu pai conseguiu um novo emprego em sua profissão na área de finanças. Quando Stephenie tinha apenas três anos, Stephen e Candy decidiram mudar-se para o Arizona, assim ele poderia assumir o cargo de diretor financeiro em uma empresa de consultoria.

O Arizona é uma parte muito mais quente dos Estados Unidos que sua região natal e Meyer relembra com prazer como a mudança de Connecticut para o Arizona significou que ela foi "transplantada para um clima mais razoável (...) [onde eles] consideravam congelantes as temperaturas abaixo dos 23 graus".

Como haviam se mudado para Phoenix, aquele foi o momento ideal para Heidi, Jacob, Paul e Seth se juntarem às duas irmãs. Stephenie era uma carinhosa irmã mais velha que ajudava seus pais, assumindo as trocas de fraldas e tomando conta de seus irmãos mais novos.

É inegável que a grande e unida família em que ela cresceu possuiu grande influência sobre sua obra fictícia. Existem vários personagens solitários em seu trabalho, por exemplo; ainda mais comuns são os personagens rodeados por outras pessoas, assim como ela sempre o foi em sua infância. "Quando se cresce em uma família grande, sempre há alguém com quem se divertir", ela diz – e sempre alguém para lhe dar ideias para futuros personagens, quase fazendo seu trabalho. Os Morgan também tinham um cachorro chamado Eagle para completar o perfeito quadro da família americana.

Portanto, eram raros os momentos solitários para Stephenie à medida que ela crescia. Mas com tal companhia veio uma certa neurose. Preocupava-se constantemente com seus irmãos, comenta. Com efeito, quando ela fala deles, é como se estivesse falando de seus próprios filhos: "Costumava ter pesadelos de mãe com meus irmãos. Quando se é mãe, ocorrem pesadelos sobre coisas terríveis acontecendo com seus filhos, impossíveis de serem impedidas, e eu os tinha com meus irmãos."

Alguns talvez digam que essa neurose precoce é devido a ela ser de Capricórnio, pois se acredita que tais pessoas possuam cabeças mais velhas sobre ombros mais jovens. (Esta é uma preocupação de Stephenie: em um de seus romances, *Amanhecer*, a mãe de sua heroína diz que ela nunca foi uma adolescente e que sempre foi mais velha que a idade que realmente tinha). Mais tarde, tendo ela formado sua própria família, pôde acumular muita prática com as preocupações que atormentam qualquer mãe na forma daqueles pesadelos que teve na infância com seus irmãos e irmãs. Stephenie sempre teve uma imaginação hiperativa durante seu sono, não apenas de forma ruim. Posteriormente, um sonho transformaria sua vida e abalaria o mercado editorial, quando ela acordou numa manhã de verão e sua vida mudou para sempre.

O novo lar da família Morgan ficava na periferia de Phoenix numa, decididamente, região suburbana onde Stephenie se lembra de ser uma "terra livre para todos". Belas palavras para a família Morgan que, enquanto seus vizinhos possuíam cavalos, eles construíam cabanas, ciclovias e um campo de *paintball*. Seus irmãos adoravam jogos de guerra: "(...) eles tornavam o campo uma área militar", ela lembra.

Nesse meio tempo, enquanto os gritos de guerra de seus irmãos preenchiam o ar lá fora, Stephenie foi perseguir um *hobby* muito mais sutil. Sempre era encontrada enfurnada dentro de casa com sua cabeça enterrada em um livro. Ela descreve sua adolescência como "*nerd*, quieta e obsessiva por livros." Dessa forma, ela descobriu que seu lugar na família estava sempre claramente definido. "Eu era a rata de biblioteca", disse. Estava em seu sangue: seus pais eram ambos bons leitores, mas era Stephenie, de longe, a pessoa mais viciada em livros na família. Ela vivia pelos livros, particularmente romances, e era frequente vê-la enfiada com a cabeça em um.

"Ela meio que vivia em seu próprio mundinho", disse seu pai. "Ela sempre inventava histórias. Se ela estivesse com um bom livro, ficava perfeitamente feliz com ela mesma, enredando-se naquele mundo." Apesar deste seu interesse por livros, seus pais nunca previram que ela se tornaria uma escritora. "Sempre pensamos que ela se tornaria uma pintora", completou o pai.

Stephen sempre se sentava no corredor à noite, lendo em voz alta para as crianças que dormiam em seus respectivos quartos. Um livro em particular Stephenie lembra, devido às leituras de seu pai: *A Espada de Shannara*. Foi publicado em 1977, então ainda era praticamente um lançamento na época que Stephen lia-o para seus filhos. *A Espada de Shannara* era um sucesso como livro naquele tempo, tornando-se o primeiro livro de bolso de ficção a aparecer na lista de *bestsellers* do *New York Times*. Foi escrito por Terry Brooks, que foi influenciado pela leitura da clássica trilogia de J.R.R. Tolkien, *O Senhor dos Anéis*, o qual se tornou uma sensação internacional e uma sequência cinematográfica extremamente lucrativa também. Brooks passou mais de sete anos escrevendo *A Espada de Shannara*, pois estava ocupado estudando Direito naquela época. Stephenie escreveria num ritmo muito mais acelerado dali a algum tempo, mas a combinação de estudos das leis com a ficção ecoaria mais tarde em sua vida. Porém, por enquanto, ela ficava lá à noite, ouvindo a voz de seu pai lendo as páginas desse romance fantasioso, e se sentia atraída pelas intrigas e personagens. Era sempre, ela enfatiza, *a escolha de Stephen* de qual livro seria lido a eles. O livro tinha que lhe interessar, mas, felizmente, ela compartilhava do interesse dele por este volume em particular. *A Espada de Shannara* é um livro longo, o qual interliga duas narrativas em separado num mundo fictício chamado de as Quatro Terras. Ambienta-se 2.000 anos após um holocausto nuclear – as "guerras do Antigo Mal" – ter ocorrido e destruído a maior parte do planeta. Contudo, um jovem rapaz, meio-elfo e meio-humano, sobrevive e vive em paz, até que um Senhor Feiticeiro retorna para ameaçar tudo. A única arma capaz de manter o mal afastado é uma espada especial, que deveria ser encontrada para uma futura redenção.

Não era exatamente uma leitura reconfortante para a hora de dormir, mas era um livro que interessava a Stephen, portanto seria o que as crianças ouviriam pela noite. E Stephenie não reclamava. Casualmente, como todos os pais, Stephen decidia que já havia lido o bastante e fechava o livro. Após desejar-lhes uma boa noite de sono, ele retornava a seus próprios afazeres. As crianças rolavam para o lado para dormir, porém uma delas raramente se satisfazia com o tanto de história lida. Stephenie rotineiramente queria mais.

"Ele sempre parava de ler quando o suspense estava em seu clímax", ela lembra. No dia seguinte, ela se esgueirava pelo armário e encontrava o livro. Daí, escondia-se lá, secreta e silenciosamente, lendo a continuidade da história, sempre querendo saber o que viria depois e nunca estando preparada para esperar até a próxima parte da leitura de Stephen. Este não era um comportamento terrivelmente rebelde advindo de uma criança, mas ela não podia evitar o sentimento de desobediência durante suas furtivas sessões de leitura. Ela lembra "sentir que estava fazendo algo de errado, como se não pudesse saber o que estava por vir."

Todavia, ela estava presa nessa história encantada e sempre precisava saber o que aconteceria logo após. Porém, como poderia ela saber, à época, que um dia escreveria suas próprias histórias, que também cativaria leitores – predominantemente garotas – intensamente? Milhões de garotas ao redor do mundo ficam absortas por suas histórias, e se aproveitam de qualquer chance que podem para lê-las.

Sua mãe também tinha suas próprias preferências literárias naquele tempo. Candy preferia, porém, leituras mais recatadas. Nestas incluíam-se os clássicos britânicos do século XIX, como os de Jane Austen, que Meyer também adora e descreveu como sua escritora "super preferida." Tomava emprestado de sua mãe seus livros e, rapidamente, passou a amar *Orgulho e Preconceito* e a história de Elizabeth Bennet e Fitzwilliam Darcy. Quase dá para perceber o estilo e forma dos próprios romances de Stephenie moldados daquela maneira. Pegue a fantasia de *A Espada de Shannara*, junte aos relacionamentos românticos e complicados de Austen e terá como resultado muito da base da série *Crepúsculo*.

"A razão pela qual sou obcecada pelo lado romântico de qualquer história é a minha mãe", ela diz sobre os romances de Austen pertencentes à mãe. "Sempre avalio uma história de acordo com os relacionamentos e personagens."

Seus pais construíram seu interesse por histórias há muito tempo e, involuntariamente, foram formando o equilíbrio perfeito para sua imaginação: a combinação de fantasia e romance que embasaria as obras que escreveria posteriormente, as quais seriam lidas por milhões de ávidos fãs.

Entre outros livros que leu e amou estão ...*E o Vento Levou* de Margaret Mitchell e *Jane Eyre* de Charlotte Brontë. "Li-o quando tinha nove anos", diz Stephenie do clássico de Brontë, "e o reli, literalmente, centenas de vezes."

Nesse processo, tornou-se obcecada pela personagem principal do romance de Brontë, que lida com o desejo e as complexidades da infância. Ao enveredar-se pelo livro, imediatamente conectava-se com a personagem título da história. Era uma conexão que lhe trouxe muito conforto, já que ela mesma lidava com os altos e baixos da infância e, depois, da adolescência.

"Jane era alguém de quem eu era muito próxima quando criança", diz. "Éramos ótimas amigas! Acho que, de certa forma, ela era mais real para mim que qualquer outra heroína fictícia."

O exército de fãs de Stephenie – garotas adolescentes, em sua maioria – fala semelhantemente da heroína da série *Crepúsculo*, Bella Swan, que guiou muitas adolescentes problemáticas por seus dias mais difíceis. Por esta razão, Bella poderia quase estar ligada a Jane Eyre numa fictícia árvore genealógica.

E Stephenie não apenas lia histórias, mas também as contava – primeiro para ela mesma. "Eu era sempre uma contadora de histórias", ela disse em 2006, "embora eu apenas lesse histórias para mim mesma." Logo, porém, seus familiares mais próximos foram presenteados com suas primeiras tentativas de narração de histórias ainda não escritas. A família Morgan frequentemente visitava seus avós em Utah. Eram longas jornadas, normalmente com mais de oito horas, mas eram revigoradas por Stephenie, que lhes contava histórias criadas em sua cabeça. Sua imaginação corria solta, criando diversas intrigas, personagens e contos. Talvez não fossem os brilhantes clássicos instantâneos que ela viria a criar, mas já eram suficientes para manter uma grande família feliz durante uma viagem, que, do contrário, seria longa e entediante. A jovem Stephenie já mostrava uma aptidão indiscutível para a narrativa. Hoje em dia, jovens por todo o mundo sentam-se nos bancos traseiros dos carros e leem as histórias de Stephenie para passar o tempo. Outros discutem suas histórias já lidas. Naquele tempo, os contos de Stephenie nas viagens a Utah eram sempre atrativos para o resto da família.

Ainda criança, ela continuava a ler, e algumas de suas leituras eram de natureza mais séria. Paralelamente aos romances fantásticos de seu pai e aos livros mais românticos emprestados de sua mãe, ela também, regularmente, estudava um tratado religioso, *O Livro de Mórmons*. Este é o texto do movimento dos Santos dos Últimos Dias (SUD), cujos seguidores são mais conhecidos como mórmons.

O movimento mórmon foi criado no século XIX, nos Estados Unidos. Desde então vem crescendo como um grande movimento internacional com mais de 12 milhões de membros. Embora acredite e foque em Jesus Cristo, há um grande número de diferenças para com os principais e mais familiares ramos do Cristianismo. Outros mórmons famosos são Brandon Flowers, o vocalista dos Killers, o antigo ídolo adolescente Donny Osmond (e muitos de seus familiares) e o cantor David Archuleta do programa *American Idol*, que terminou em segundo lugar na edição de 2008 e tornou-se um sucesso comercial considerável com alguns *hits* emplacados. Stephenie e seus pais são mórmons e foi, precisamente, num lar mórmon que ela foi criada. Isto influenciou sua vida e seu trabalho de diversas maneiras, desde o tempo em que estudava os livros sagrados quando ainda era criança.

O Livro de Mórmons, o qual Stephenie continua a estudar até hoje, foi primeiramente publicado em 1830 por Joseph Smith Jr. É lido por seguidores, paralelamente à Bíblia, e abrange o que os crentes dizem ser os contos dos acordos de Deus com os antigos residentes do continente americano. Inclui-se aí a história de uma visita que eles afirmam que o Jesus ressuscitado fez aos primeiros habitantes da terra. Diz-se que o livro foi traduzido por personagens desconhecidos até o momento, após um anjo ter levado Smith ao local do texto que havia sido inscrito em placas de ouro. É dividido em muitos outros pequenos livros que são lidos com reverência por seguidores do movimento da SUD. Como todos os crentes, Stephenie leu os livros muitas vezes. A coletânea *Livro de Mórmons* é o livro, ela diz, "com o impacto mais significante em minha vida." Ela estudou respeitosamente os vários livros ali contidos durante toda sua infância.

Seu favorito era *O Livro de Alma*, que é o mais longo de todos d'*O Livro de Mórmons*. Intitulado, integralmente, como *O Livro de Alma: O Filho de Alma* é um conto épico de 63 capítulos, que abrange trabalho e guerra missionários. Sua parte favorita de *Alma* é a do confronto que envolve os 2.000 jovens guerreiros que aparecem pela primeira vez em *Alma*. Os pais dos rapazes estão prestes a enfrentar o ataque, mas, tendo se convertido à Cristandade, prometeram não lutar. Em vez disso, as crianças lutam para proteger o clã e – graças a sua fé – não são feridas durante a batalha. Ela gostava muito dessas histórias, à medida que ia crescendo, e isso a ajudou a moldar tanto sua fé quanto sua escrita.

A influência da história de *Alma* em seus livros seria vista mais a frente. Além das escrituras mórmons, ela leu uma vez o Antigo Testamento por completo e o Novo Testamento diversas vezes. Uma história da Bíblia que se relaciona à Bella está no livro de Reis e envolve o Rei Salomão e sua renomada sabedoria. Duas mulheres rivais reivindicam um bebê, cada uma alegando sua posse. O Rei Salomão diz para que o bebê, então, seja cortado ao meio e dividido entre as duas mulheres. Naturalmente, a verdadeira mãe se revelaria ao desistir de sua reivindicação, assegurando assim que sua prole sobrevivesse. O sacrifício da história repercute em sua heroína Bella; outro de seus personagens da série *Crepúsculo* refere-se a esta história como uma analogia.

A atmosfera mórmon da família Morgan exigia que ela frequentasse regularmente a igreja, estudasse os livros sagrados e vivesse sob diversas regras e diretrizes estipuladas pela Igreja dos Santos dos Últimos Dias. Se parece que Stephenie teve uma infância um tanto austera, é porque, de várias maneiras, assim o foi. Certamente, quando comparada com a maioria das crianças que cresceram entre os anos 1970 e 1980, a dela foi uma experiência rigorosa. Música pop, por exemplo, era fortemente desencorajada por seus pais.

"Na verdade, quando cresci, eu não ouvia muito", ela disse à revista *Time*, o que é surpreendente, dada a importância que o *rock* teve em sua vida como um todo, especificamente em sua carreira. "Meus pais eram bem rígidos. Apenas descobri a música como inspiração mais tarde."

Com efeito, Stephen e Candy chegavam a insistir que qualquer música que seus filhos quisessem ouvir deveria ser avaliada por eles inicialmente. "Eles queriam ouvir tudo antes mesmo de ouvirmos", ela disse à revista *Rolling Stone*, "então basicamente acabávamos ouvindo Lionel Richie e Chicago."

Embora ela tenha se tornado uma escritora, o *rock* e a música pop tiveram grande importância para Meyer, já que influenciaram seus personagens e intrigas. Ela até mesmo usou concertos de *rock* como parte da fanfarra promocional para um de seus livros. Quem pensou que isto pudesse acontecer dada sua infância no censurado lar dos Morgan?

No entanto, um aspecto do Mormonismo foi muito útil para ela no futuro. A maior parte da religião preocupa-se em trazer uma proximidade entre a vida e a morte. Deve ter sido um pouco daquela figura que, em parte, influenciou Stephenie escrever tão brilhantemente sobre personagens que flutuam entre a mortalidade e a imortalidade. A SUD deve ter misturado sentimentos sobre suas histórias de vampiro, mas a ironia é que, provavelmente, os livros de fé foram imensamente influentes em seu primeiro romance,

Crepúsculo, e sua sequência. A evidência está lá na página impressa. De fato, mesmo alguns dos temas de seu livro adulto, *A Hospedeira*, podem ser ligados, ao menos tacitamente, a sua educação e crenças mórmons.

Mesmo além da esfera da música pop, sua absorção cultural enquanto adolescente foi, de certa forma, contida para uma garota americana dos anos 1980. Ela não era fã de livros ou filmes de terror. Era, como ela disse, "uma medrosa completa". Esta preferência literária permanece até hoje. "Nunca li um livro de Stephen King em toda minha vida", disse. "Só sei que sou muito medrosa com [seus] livros." (King depois, controversamente, rebateria a habilidade de Stephenie como escritora, alegando que "ela não escreve nada digno de ser lido". Ela respondeu com um digno silêncio.) "Realmente não gosto de violência; odeio este tipo de derramamento de sangue." Quanto a filmes de suspense, "o máximo que suporto é Hitchcock", diz. "Qualquer coisa além me desanima."

Seu filme favorito, à medida que crescia, era *Em Algum Lugar no Passado*, ao qual assistiu inúmeras vezes durante sua juventude. Lançado em 1980, é um filme de viagem no tempo com um enredo romântico, adaptado de um romance de 1975 chamado *Bid Time Return*, escrito por Richard Matheson. Trata-se de um homem chamado Richard Collier que viaja ao passado, dos anos 1970 ao século XIX, para cortejar uma atriz cuja fotografia o encantou. Recebeu, em 1976, o prêmio de Melhor Romance pelo *World Fantasy Award*.

A versão cinematográfica não foi um grande sucesso, nem comercial nem de crítica, mas formou um séquito *cult* substancial, do qual Stephenie é um membro cativo. Ela adorava assistir a ele durante sua adolescência e apreciava as performances do astro de *Super-homem*, Christopher Reeve, e Jane Seymour. Também curtia a trilha sonora, tratando de encontrar uma maneira de burlar o procedimento de filtro de Stephen e Candy.

"A música é de Rachmaninoff", diz ela, referindo-se aqui ao trabalho de Sergei Rachmaninoff (1873–1943), o compositor e pianista russo. Seu trabalho "Rapsódia sobre um Tema de Paganini" é reproduzido em várias cenas. Ancorou na imaginação dela o poder evocativo da música. "Toda vez que se ouve aquela música", ela diz com relação à trilha sonora do filme, "fica-se fadado a se apaixonar. Aquele relacionamento é exatamente essa coisa impossível que ele torna possível. Tinha que haver uma influência sobre mim." E, de fato, teve. Qualquer um que tenha lido seu trabalho compreende isso na mesma hora.

Stephenie também apreciava assistir à televisão nos sábados pela manhã, embora ela prefira descrever timidamente um de seus programas favoritos como "louco" – os desenhos de *X-Men*. Esta série estreou na Fox, em 1992, como parte da programação infantil daquelas manhãs, e parece que ela gostava disso sem se importar com que os outros pensassem. Ela ficava feliz em frente à TV, vidrada até o último desenho de super-heróis com enredos cheios de ação. "Sempre fui fascinada por *X-Men*", ela diz com um sorriso. "Amo a ideia de um grupo de pessoas em que cada uma delas pode fazer coisas incríveis. Eles são especiais, mas ficam mais fortes quando trabalham juntos. Talvez isso venha do fato de eu ter uma grande família, mas sempre fui ligada neste tipo de história."

Novamente, as sementes do trabalho futuro estavam sendo plantadas na mente de Stephenie Meyer. Os *X-Men* ensinaram-na muito sobre o que faz ser bom um personagem de super-herói, e isto iria destacá-la em grande monta em sua futura carreira como uma das escritoras mais imaginativas dos dias atuais.

Muitas jovens mulheres envolveram-se profundamente com livros e com outras partes da cultura popular, tais como televisão e filmes, mas qual terá sido a posição social de Stephenie durante sua adolescência? Talvez, como era de se esperar, devido a sua natureza quieta e dada à leitura, e sua rígida educação religiosa, Stephenie desenvolveu-se muito lentamente quando se tratava de ritos de passagem da adolescência – inclusive os namoros. Como ela mesma diz, "quando eu tinha dezesseis anos, andar de mãos dadas era simplesmente – nossa!"

Foi numa aula matutina de Seminário que ela conheceu o garoto que se tornou seu primeiro namorado. Apesar de seus hormônios estarem a todo vapor, a verdade é que ela nunca foi uma adolescente louca por meninos. De fato, ela tinha mais um quê de moleca. "Minhas amigas costumavam olhar para garotos bonitos nas ruas", ela disse. "Eu olhava para os carros."

Mais tarde, ela transmitiria esta paixão por carros para um de seus filhos, um que se gabava conhecer desde uma idade precoce "todos os carros do mundo". (Bella Swan, porém, é notavelmente ignorante com relação a automóveis.) Apesar de toda sua molecagem, sua falta de interesse em perseguir os garotos tinha muito a ver com sua necessidade de se comportar de acordo com as regras e diretrizes impostas por sua fé mórmon. "Todas as minhas amigas eram boas meninas também", ela explica. "Meus namorados eram bons meninos." Para uma garota crescendo cercada de membros da SUD, isso não era nada incomum, ela diz. "Cresci numa comunidade onde não era uma exceção ser uma boa menina. Era meio que já esperado." Portanto, não havia pressão sobre ela quanto a conhecer um rapaz e passar por uma experiência sexual.

O garoto que ela conheceu numa manhã de Seminário era conhecido por KJ. Ele não vinha de uma família muito rica, mas tinha muitas qualidades atraentes. Era bem mais alto que Stephenie, que o notou do outro lado da sala de aula. O par rapidamente tornou-se amigo e, quando chegou o dia do baile de formatura do colégio, ele foi o garoto com quem ela foi acompanhada. A noite do baile de formatura é uma experiência especial na vida de qualquer adolescente americana. Stephenie estava um pouco nervosa, como a maioria das garotas. Vestiu um atraente vestido roxo com a barra na altura do joelho. KJ estava com um usual *smoking*, mas encimado por um laço da mesma cor roxa do vestido de sua acompanhante.

Sentaram-se juntos na casa dos pais de KJ e – levemente nervosos – jantaram um frango ao limão. Estavam muito animados e exibiram as mãos dadas na sala de estar da família. Então entraram no carro do pai de KJ – um *Mercury Sable*, o carro mediano confortável que KJ tomou emprestado de seu pai para a ocasião.

Alguns garotos contrataram uma limusine para tal noite, mas as economias de KJ não davam para tanto. Nem pôde pagar pelas fotografias tiradas pelo profissional contratado pelo baile; ao invés disso, o casal foi fotografado em casa.

"Você tem que sorrir", o vampiro Edward Cullen tem de relembrar Bella em *Lua Nova* enquanto ele tira suas fotos. No entanto, tanto Stephenie quanto KJ são vistos sorrindo bem naturalmente nas fotografias tiradas em casa.

Foi uma noite memorável para Stephenie, em todos os sentidos. Porém, dada a maneira que a estranha Bella de *Crepúsculo* considera a perspectiva de uma dança na Forks High School, no estado de Washington, é razoável presumir que Stephenie não tenha sido uma dançarina nata na ocasião com KJ. Por todo seu trabalho, o tema do baile é um fardo com trauma pessoal.

Stephenie frequentou a Chaparral High School na Avenida East Gold Dust, em Scottsdale, Arizona. Ela descreve a área como a "versão de Beverly Hills no Arizona" e compara sua escola àquela exibida no filme *As Patricinhas de Beverly Hills*, o qual é baseado no romance *Emma*, de sua idolatrada Jane Austen. A missão da Chaparral High School é desenvolver "os líderes de amanhã, provendo um ambiente educacional seguro e respeitoso, desenvolvendo o potencial de cada indivíduo, encorajando a consciência coletiva e criando uma tradição de excelência." Para Meyer, foi um local para estudar as matérias normais de escola, incluindo o Inglês, é claro. Mas também foi um local para estudar aquelas coisas que dominam a vida cotidiana e que são o fluido vital de qualquer romance: os personagens.

"Meu foco são os personagens", ela diz a respeito de seu processo de escrita, no qual a intriga talvez não receba tanta importância. "É a parte da história que é mais importante para mim. Sinto que a melhor maneira de escrever sobre personagens fidedignos é você realmente acreditar neles."

Ela se esforça tremendamente ao insistir que nem todos os seus personagens são baseados em pessoas que conheceu na vida real, mas admite que, às vezes, esse é o caso. "Uma vez ou outra, sempre haverá um personagem que é a combinação de pessoas que conheci. Algumas meninas da escola de Bella, definitivamente refletem pessoas que conheci naquele estágio de minha vida", disse.

Seu círculo de amizades representou uma considerável variedade de personagens. "Éramos eu, a mórmon louca... a ateísta criada por hippies, a garota judia, a batista e a luterana calada", ela lembra. "Tínhamos algumas discussões religiosas de enlouquecer." A pessoa que estava faltando em seu círculo de amizades ainda tinha de ser criada – Bella Swan, a heroína da série *Crepúsculo*. Stephenie teria gostado de uma amiga como essa naquela época. "Gostaria de ter conhecido alguém como ela quando eu tinha dezessete anos", comentou. "Ela teria sido uma boa pessoa para ser amiga."

Meyer vê semelhanças entre Swan e sua própria figura adolescente. "Acho que ela tem algumas coisas em comum comigo", ela diz. "A mesma timidez, a mesma autoconfiança abalada e algumas semelhanças físicas."

Apesar de sua relação com KJ, ela se recorda dela mesma como uma aluna retraída que não era muito popular entre os meninos. "No ensino médio, eu era um bicho do mato, isolada do mundo. Tinha várias amigas incríveis, mas não era muito procurada pelos cromossomos Y, se é que me entende", ela diz.

Um professor da escola concorda com a autoavaliação de Stephenie. "Era inteligente, mas não demais", disse Conrad Davis, seu antigo professor de inglês. "Seus escritos eram bons, mas não formidáveis. Lembro de ela ser muito educada e razoavelmente tímida. Pertencia a uma família mórmon e aquelas meninas eram sempre as mais bem comportadas da escola. Stephenie era uma boa menina. Estudávamos o normal de um ensino médio – Shakespeare, literatura americana e alguns escritores ingleses, tais como Jane Austen. Stephenie estava no mesmo ano que minha filha, mas, quando ela se tornou famosa, ambos tivemos que olhar sua foto para lembrar claramente quem era. Ela simplesmente se harmonizou."

Ao se harmonizar, ela não encontrou muita felicidade, não sendo esse um período de sua vida que ela recorde com tanto carinho. "Nunca deixe ninguém lhe dizer que o ensino médio é divertido", ela escreveu. "O ensino médio é aturado." Realmente, ela tinha uma personalidade quieta e não-invasiva na sua época de escola. "Eu era praticamente o Primo Coisa no colégio", ela diz, referindo-se com humor ao personagem do programa de TV *A Família Addams,* que é coberto dos pés à cabeça por pelos. "Você sabe, cabelo na cara, esconde-se de todo mundo."

Os livros, como sempre, foram sua salvação durante essa época de provação. "Eu meio que lia em meu quarto todo o tempo. Lia os livros mais grossos que podia segurar em minhas mãos. Toda quarta-feira era dia de biblioteca. Pegava a série *Anne de Green Gables* toda semana. Praticamente já eram meus."

No entanto, com o passar do tempo, ela passou a falar mais favoravelmente com relação a seus anos de escola. "Não foi tão torturante", ela disse. "Eu tinha um pequeno grupo com os alunos avançados e um círculo de amizades eclético e aconchegante. Eu era muito tímida, tanto que ficava quieta na sala de aula sem levantar a mão. Inglês e artes eram minhas matérias favoritas."

Ela também adquiriu inspiração para seus personagens de pessoas mais próximas de seu lar, vindo a calhar o tamanho de sua família novamente. "Acho que, por pertencer a uma família tão grande, tinha muitos *insights* de diferentes tipos de personalidades – meus irmãos às vezes aparecem de repente como personagens em minhas histórias."

Contudo, ela estava prestes a mudar-se de casa, já que chegava sua hora de iniciar seus estudos na universidade. Embora ela estivesse sendo mandada a um estabelecimento que era aprovado pelo movimento mórmon, essa mudança para longe das asas de seus pais faria com que visse sua vida mudar de várias maneiras. Ela não estava a um passo de enlouquecer, isso era verdade, mas a garota que era um "bicho do mato" na escola estava prestes a desabrochar e começaria a provar livremente alguns frutos que lhe foram privados em sua casa.

E ela gostou do que provou.

33

Capítulo Dois

DESAFIOS NA UNIVERSIDADE

Stephenie Meyer estudou por quatro anos na Chaparral High School antes de se mudar para um novo estabelecimento educacional. Matriculou-se na Brigham Young University (BYU), em Provo, Utah, uma instituição privada, estabelecida em 1875 pelo então presidente da Igreja dos Santos dos Últimos Dias, Brigham Young. Quando ele apresentou a planta da universidade para a comissão educacional, disse sucintamente a um colega: "quero que lembre que não deve nem mesmo ensinar o alfabeto ou a tabuada sem o Espírito de Deus."

Era, originalmente, mais uma escola que uma universidade. É propriedade da Igreja dos Santos dos Últimos Dias e por volta de 98% de seus estudantes são mórmons. A maioria dos alunos e ex-alunos refere-se a ela como "A Universidade do Senhor". Stephenie não iria experienciar facilmente o tipo de vida social de muitos universitários regada a promiscuidade sexual e bebedeiras, como dramatizado em livros, tais como *Eu Sou Charlotte Simmons* de Tom Wolfe. Ao invés disso, ela deveria se adequar às rígidas regras de comportamento que se espera de um aluno da BYU. Existe até um livreto de bolso intitulado "Para a Força da Juventude", que é dado aos estudantes, no qual é esboçado o código de conduta que eles deverão perseverar. Uma das edições do panfleto possui uma imagem na capa de quatro jovens americanos saudáveis e sorridentes (duas garotas e dois garotos) e contém uma série de proscrições relacionadas à conduta dos alunos, um neologismo um tanto estranho e, para completar, o ocasional uso bizarro de pontos de exclamação. É incrível pensar em universitários de hoje em dia sendo mantidos sob regras tão estritas.

Começa com uma mensagem da "Presidência" da SUD adereçada aos "nossos queridos jovens homens e mulheres". A introdução continua, "não dá para fazer o errado e sentir-se bem com isso. É impossível! Anos de felicidade podem ser perdidos pela tola gratificação de um desejo momentâneo de prazer." A seção promete aos alunos que aqueles que se adequarem ao comportamento requerido serão, entre outras coisas, recompensados com "a constante e reconfortante companhia do Espírito Santo."

A seção seguinte informa à juventude da SUD que "suas vidas na Terra foram feitas para dar-lhes a oportunidade de aprender a escolher o bem sobre o mal, o serviço sobre o egoísmo, a bondade e a meditação sobre a satisfação e gratificação pessoais." Entre as regras ditadas sobre as relações pessoais, existe até a de que os alunos não devem namorar antes dos 16 anos completos e que devem apenas ir a encontros em duplas ou em grupos.

"Planejem atividades positivas e construtivas quando estiverem juntos", dizem aos "baladeiros". O panfleto também ordena a castidade antes do casamento e bane a homossexualidade. No entanto, assegura aos leitores preocupados, "vítimas de estupro, incesto ou outro tipo de abuso sexual não são pecadores. Se você foi vítima de algum destes terríveis crimes, tenha certeza que Deus ainda o ama!"

Numa seção chamada "Fazendo Amizades", são dadas instruções aos jovens mórmons sobre como escolher, tratar e interagir com seus amigos. Implora carinhosamente que "se alguns de seus amigos forem tímidos e não se sentirem incluídos, seja especialmente sensível para com seus sentimentos e desvie-se de seu caminho para trazê-los para perto de seu forte círculo de boas amizades" – embora o texto tome uma tendência mais predatória quando encoraja os mais novos a recrutar novos membros à Igreja dos Santos dos Últimos Dias. "Convide seus amigos não-membros para as atividades da Igreja, onde eles poderão aprender sobre seus padrões e os princípios do evangelho", diz.

"Inclua-os em suas atividades semanais e em seus encontros dominicais. Ajude-os a sentirem-se bem vindos e queridos. Muitos não-membros vieram até a Igreja por intermédio de amigos que os envolveram em atividades."

O panfleto também aconselha os alunos a vestirem-se modestamente e a resistirem à moda. "Se você veste um traje de banho suntuoso porque está 'na moda', isso envia uma mensagem que está usando seu corpo para chamar atenção e conseguir aprovação", diz.

Stephenie, assim como as outras jovens da SUD, eram aconselhadas a "evitar usar roupas muito insinuantes, com ombros descobertos ou decotes acentuados." Ela nunca foi exatamente uma moça que se vestia de forma provocante, mas quanto disso pertencia à sua natureza inerente e quanto estava ligado à pressão da SUD é difícil dizer. Começou a perceber que os rapazes da universidade estavam sempre barbeados e com os cabelos na altura da nuca. De novo, isso era resultado das regras da universidade, que englobavam até mesmo o estilo e o comprimento dos cabelos e dos pelos faciais que os alunos homens deveriam seguir.

Após uma seção incentivando os alunos a evitar desonestidade e palavrões, eram também alertados contra a fofoca, a qual é descrita como "outro tipo de linguajar nocivo. Quando se diz algo ruim sobre pessoas que não estão presentes ou conta segredos que sabe sobre elas, você está criando um boato. O boato causa dor e sofrimento para outras pessoas."

Se isso parece contrariar o comportamento da maioria dos alunos ao redor do mundo, a norma que nenhum estudante deve trabalhar no sabá, seja trabalhos de faculdade ou empregos de meio-período, age da mesma forma. Com as pressões já existentes de se estar em dia com os estudos e de ter as economias sempre limitadas, essa restrição de nenhum trabalho aos domingos punha uma pressão a mais sobre o corpo discente.

Até mesmo como eles deveriam relaxar durante o sabá era sujeito a regras e restrições. "Deve-se evitar procurar entretenimento ou gastar dinheiro neste dia", diz. Beber álcool é proibido não apenas no sabá, mas todos os dias. E não é a única substância banida. "Drogas pesadas, uso equivocado de drogas prescritas, álcool, café, chá e produtos feitos a partir do tabaco – tais como cigarros, rapé, tabaco de mascar, charutos e cachimbos – destroem seu bem-estar físico, mental e espiritual. O tabaco pode escravizá-lo, enfraquecer seus pulmões e encurtar sua vida. Qualquer forma de álcool, incluindo cerveja, é prejudicial ao espírito e ao corpo. Beber irá confundir sua consciência, é caro e pode levá-lo ao alcoolismo, que é autodestrutivo, perigoso e mortal."

Mesmo entre aquelas atividades sociais que não são previamente banidas, o panfleto encoraja a constante vigilância de seus leitores. "Não tenha medo de sair no meio de um filme, desligar um programa de televisão, ou mudar a estação de rádio se o que está sendo apresentado não condizer com os padrões de nosso Pai Celestial. E não leia livros, revistas, ou mesmo, veja figuras que sejam pornográficas ou, ainda, que demonstrem que a imoralidade é algo aceitável. Em resumo, se houver qualquer dúvida sobre se um filme, livro ou outra forma de entretenimento em particular é apropriado, não o veja, não o leia, não participe."

Quanto à música, a qual Stephenie também já havia encontrado restrições, o livreto diz: "deves ser vigilante quanto aos hábitos musicais e evitar canções que sejam espiritualmente nocivas. Não ouça música que contenha ideias que contradigam os princípios do evangelho."

Como veremos, Stephenie apaixonou-se por *rock* durante seus anos na universidade, tendo ela finalmente sido liberta das rédeas curtas de seus pais e suas normas quanto às músicas. É improvável que a SUD tenha aprovado tudo que ela veio a ouvir, já que ela foi escravizada por *rocks* bem pesados.

Então esta estranha publicação chega a um retumbante clímax: "Sempre esteja do lado do Senhor", conclui o corpo principal do panfleto, "ele prometeu ajudá-lo se viver de acordo com os padrões do evangelho." Na última página estão listadas, com destaque, as normas, para que as mensagens sejam reforçadas e para facilitar uma rápida consulta a qualquer aluno confuso.

Mudar-se para uma universidade pode ser uma experiência dura para qualquer jovem. Apesar de as regras impostas terem complicado a experiência de Stephenie de alguma forma, de outras talvez tenham oferecido uma estrutura moral que fez com que suas escolhas durante seu período universitário fossem fáceis de lidar, e, pelo menos, a maioria dos estudantes seguiam tais instruções, estando ela, portanto, rodeada por pessoas que condiziam com seu estilo de vida. Certamente, ela teve que aturar muitas regras e diretrizes. Outras, porém, incluindo a rígida diretriz com relação ao *rock*, ela ficava feliz em interpretá-las de acordo com as suas ideias.

Ela se manteve fiel àquelas orientações sexuais restritivas, o que acabou por beneficiá-la posteriormente, já que isso encorajou a SUD a, convenientemente, apoiar seus livros, tornando-a um membro que escreveria sobre vampiros de todos os tipos. É claro que toda aquela austeridade que demonstrou, estimulou a maneira vívida com que exprimiu tanta qualidade em seus livros. Os alunos eram incentivados a manter os panfletos consigo em todos os momentos, mesmo durante seus encontros, e hoje em dia eles também estão presentes na rede, inclusive existe uma página do *Facebook* dedicada aos panfletos e aos ensinamentos.

Não são apenas os alunos que têm de viver sob regras e orientações ditadas pela SUD: o corpo docente também. Em 1992, uma "Declaração sobre a Liberdade Acadêmica", controversamente, contrariou seu título quando limitou de forma severa quais declarações os docentes tinham permissão de fazer durante as aulas. Especificamente, baniu a "manifestação junto aos estudantes ou em público que: (1) contradiga ou oponha, em vez de analisar ou discutir, doutrina ou política fundamental da Igreja; (2) ataque ou ridicularize deliberadamente a Igreja ou seus líderes gerais; ou (3) viole o Código de Honra porque a manifestação é desonesta, ilegal, indecente, profana ou impropriamente desrespeitosa com terceiros." Depois de tal movimento controverso, muitos professores sofreram ações disciplinares em virtude de suas perceptíveis infrações destas regras. Embora seja perfeitamente legal que um estabelecimento educacional religioso limite a liberdade acadêmica, contanto que o faça abertamente, a BYU encarou muitas críticas da Associação Americana de Professores Universitários (*American Association of University Professors*), a qual alegou que "as infrações quanto à liberdade acadêmica são incomodamente comuns e que o clima para a liberdade acadêmica é incomodamente pobre" na BYU.

Qualquer que seja a exatidão de tal acusação, naquela época Stephenie viveu sob as rígidas normas do estabelecimento e, por conseguinte, andava com uma cópia do panfleto de instruções durante seus anos de universidade. Certamente, isso influenciou suas experiências na BYU. Para assegurar um lugar na universidade, ela – como todos os futuros alunos – teve que prover uma referência de um líder religioso. A experiência universitária de promiscuidade sexual, álcool, drogas e revolta não foi uma pela qual ela teve que passar. Com efeito, vale a pena fazer uma pausa para examinar exatamente o que ser uma mórmon significa na vida cotidiana de Stephenie. Significa que ela não bebe álcool ou toma drogas e, até mesmo, evita cafeína. (Bella, a heroína da série *Crepúsculo*, tem uma baixa tolerância a cafeína.) Ela ficou conhecida por bambear ligeiramente sob o efeito de cafeína, permitindo-se apenas ocasionalmente algum refrigerante dietético que possa conter uma pequena quantia da substância.

"É tudo uma questão de manter-se livre de vícios", ela diz, explicando a teoria por trás da regra. "Temos o livre-arbítrio, o qual é um grande dom de Deus. Se unir isso a alguma coisa como, sei lá, cocaína, então não se terá mais tanta liberdade."

Foi, talvez, com relação à sexualidade que os ensinamentos mórmons tiveram o maior impacto sobre Stephenie durante seu período na universidade. Embora não parecesse estranho na BYU, dominada por mórmons, não experimentar a sexualidade chocava-se com as experiências das garotas de sua idade em outros cursos, sendo sua abstinência pouco comum. Sendo uma jovem mulher, isso significa que em alguma área chave de seu desenvolvimento ela foi privada das experiências próprias da idade, dando-lhe um crescente e refinado *insight* sobre as qualidades – tal como a restrição – que lhe serviriam muito bem no futuro.

Então, para a universidade ela se foi, tendo se despedido de sua mãe e de seu pai, com seu panfleto guardado junto a sua costumeira parafernália estudantil. Ela foi premiada com uma Bolsa de Estudos de Mérito Nacional, que a auxiliou a financiar seus estudos. Esse era o reconhecimento do trabalho duro que ela perpetrou na Chaparral High School e uma distinta honra para qualquer estudante que a receba. Mais de um milhão de estudantes participam de um exame para a bolsa de estudos todo ano e esta é concedida apenas a uma fração deles. O propósito é "identificar e honrar alunos academicamente talentosos do ensino médio dos Estados Unidos; estimular o aumento do apoio para sua educação e prover gerência eficiente e efetiva de programas de bolsas de estudo para organizações que desejam patrociná-las".

Meyer estudou Literatura Inglesa na BYU. Foi uma escolha fácil para a menina que era uma rata de biblioteca. "Nem sei se cheguei a considerar outra coisa. É o que amo. Amo ler, portanto essa seria a melhor experiência que eu poderia ter", ela diz. "Cheguei a pensar em ir para o curso de Direito, mas eu não estava muito preocupada em sustentar a mim mesma, porque não pensava em nada além de ser uma estudante."

Foi quando ela foi para a universidade que seu amor por música pop e *rock* deslanchou. Liberta das amarras de seus pais castradores, ela começou a ouvir mais e mais *rock*. Durante seu tempo livre, ela passou pelo que apenas pôde ser descrito como um curso relâmpago de música pop e *rock*. Ela gostava daquilo que ouvia. A propósito, sua banda favorita é Muse e, como ela diz, eles "são a principal denominação de todas as listas de reprodução de meu MP3".

Muse é uma banda de rock composta por três integrantes que foi formada em Devon, em 1994. Seus cinco álbuns gravados em estúdio misturam uma variedade de gêneros musicais, incluindo *rock* progressivo, clássico e música eletrônica. Os vocais, normalmente, são feitos em falsete, levando a comparações entre Muse e bandas de *rock* clássicas como Queen, cujo guitarrista, Brian May, é um fã, chamando-os de "músicos extraordinários". Ela também se tornou fã de My Chemical Romance, Linkin Park e Coldplay. My Chemical Romance é um quinteto de emo *rock* vindos de New Jersey, mais conhecidos por seu estilo ópera-rock, como é evidenciado por seu sucesso "The Black Parade". Linkin Park – um sexteto da Califórnia – mescla influências *nu metal* e *rap-rock* dentro de um som muito bem sucedido que se tornou trilha sonora da vida de inúmeras pessoas – incluindo a de Stephenie e de muitas de suas fãs adolescentes. Formada em Londres, em 1998, Coldplay tem um som muito mais tranquilo. Suas canções são melódicas e quase meditativas, firmemente estabelecidas na extremidade "fáceis de ouvir" do espectro deste tipo de música. Dessa forma, eles são provavelmente a banda que ao menos testa as fronteiras das diretivas mórmons.

Esses eram os tipos de música que Stephenie ouvia, uma vez que as restrições de seus pais foram removidas de seu dia-a-dia. Também escreveu um pouco de "poesia muito ruim" enquanto estava na faculdade. Mas música e poesia não foram as únicas maneiras que a fizeram emergir da sombra puritana que a SUD lançou sobre sua infância. Na universidade, ela recorda, seu nível de atratividade com relação aos garotos voou alto. Ela não notou muito interesse por ela por parte dos meninos no ensino médio, mas isso estava prestes a mudar com sua mudança para Utah.

"Tenho que lhe dizer que minha cotação foi às alturas", ela disse. "Olha, a beleza é muito mais subjetiva que se pode imaginar. Em Scottsdale, cercada por *barbies*, eu era uma nota cinco. Em Provo, cercada por pessoas normais, eu era mais uma nota oito. Tinha encontros todos os fins de semana com muitos garotos bem bonitos e inteligentes, alguns cujos nomes acabaram em meus livros. Era meio confuso no início, pois sabia que não havia nada de diferente em mim." Em vez disso, eram aqueles que a cercavam que haviam mudado. Ela parecia um "bicho do mato" no colégio quando comparada com suas colegas de classe de aparências muito mais provocantes. Quanto mais acanhadas eram as aparências das alunas da BYU, mas ela era impulsionada em direção ao radar masculino.

Eles gostavam do que viam e ela ficava feliz em poder sair com eles, apesar de sempre manter um estilo de vida casto, como era de se esperar dela até o casamento.

"Não namorei muito no ensino médio", ela confirmou. "Quando cheguei à faculdade, a maioria dos meus relacionamentos eram despreocupados e muito breves. Era uma piada para as minhas colegas de quarto, que diziam que eu nunca saía com ninguém por mais de duas semanas, a menos que fosse ficar noiva dele." (Ela permanece, pelo menos em sua própria mente, com um caráter dócil. Uma vez foi perguntada sobre qual nome deveria ser dado a um hambúrguer em sua homenagem. "Stephenie deve ser o nome do hambúrguer mais sem graça que você tiver", ela respondeu.)

Uma amiga de seus tempos de escola acredita que nenhum cara com quem Stephenie saiu neste período conseguiu conhecê-la a fundo. "Acho que ela nunca teve um namorado. Quando voltou da faculdade, ela e Pancho se encontraram e, pelo que ouvi, a primeira coisa que fizeram depois disso foi terem se casado. Provavelmente, ele é o único homem com que ela já esteve."

E aqui é onde "Pancho" entra na narrativa da vida da nossa jovem Stephenie Morgan, pois ela em breve reencontraria uma figura de sua infância que logo se tornaria seu marido. Ela conheceu Christiaan Meyer pela primeira vez quando ainda era uma criança, pouco depois de sua família ter se mudado para o Arizona. Sendo esta uma história real e não um romance, este não foi exatamente um amor à primeira vista. "Não gostávamos um do outro de jeito nenhum", ela diz de seus primeiros encontros com Christiaan. "Ele fazia parte de um grupinho diferente e alguns de seus amigos eram meio maldosos."

Foi apelidado de Pancho por sua avó e continua sendo chamado assim até hoje, inclusive na página de Agradecimentos de *Crepúsculo*. No entanto, demoraria ainda um pouco para que seus caminhos se cruzassem novamente e a relação deles tomasse um curso diferente. Foi quando fez 20 anos que ela e Pancho começaram a sair juntos. "Vimo-nos um ao outro de novo e ambos tínhamos mudado um pouquinho", ela diz de seu reencontro mais apropriado – mudaram para melhor, aos olhos dela. Ele parece bonito, pensou quando o viu. Seus caminhos se cruzavam regularmente, no meio tempo, em eventos da igreja e atividades sociais. Contudo, nada aconteceu até ambos chegarem à casa dos vinte anos, quando seu relacionamento recomeçou e tomou o rumo do romantismo.

Dito isto, devido à religião dela, é fácil afirmar que a relação não seria consumada até depois do casamento. Como ela mesma disse, os jovens de sua religião estão sempre com pressa de casar exatamente por esta razão. Pancho, na verdade, pediu sua mão em casamento em seu segundo encontro, mas Stephenie acabou com suas esperanças quando disse não. Porém, ele era persistente – ele tinha que ser. Ela, na verdade, estima que ele tenha pedido a sua mão umas 40 vezes antes dela finalmente dizer sim. "Ele já propunha todas as noites", ela disse com um sorriso, "e eu lhe dizia não todas as noites. Era meio que a nossa despedida do encontro."

Deve ter sido frustrante para Pancho, mas possivelmente um tanto divertido para Stephenie, especialmente se ela já tinha decidido que uma hora diria sim. Finalmente, ela realmente disse sim e casaram-se em 1994 – apenas nove meses após o primeiro encontro deles. Seu marido é um homem pelo qual ela sente um enorme amor e respeito, naturalmente. Ela acredita que a mãe dele tenha sido a figura chave para tê-lo moldado num homem que ela tanto admira e estima. "Ele quer que a mulher da sua vida tenha interesses e opiniões próprias", ela diz com aprovação. "Sabe lidar com o fato de que sou uma pessoa, ao menos, tão forte quanto ele, e que sou inteligente, capaz e que quase sempre estou certa." Também sabe lidar com ela em momentos de mais humor – quando tem sorte. "O dia mais triste da minha vida foi quando tive que sair de um apartamento com seis garotas e me mudar com meu marido", ela brincou durante uma entrevista.

Três anos após ter se casado, Stephenie formou-se em Literatura Inglesa no grau de bacharel. Ela, futuramente, tornar-se-ia um famoso membro dentre os Graduados da BYU, entre os quais estão incluídos o político Mitt Romney; o vencedor do Prêmio Nobel Paul D. Boyer; o coinventor da televisão Philo Farnsworth; Jon Heder, que interpretou o papel título, em 2004, do filme *cult, Napoleão Dynamite*; e o ator Aaron Eckhart indicado ao Globo de Ouro.

Heder é, particularmente, um exemplo notável, pois seu papel como Napoleão Dynamite foi, dizem alguns críticos, influenciado, em parte, por sua educação mórmon, que era compartilhada por alguns dos cineastas. O filme foca no herói do título, um garoto *nerd* e palerma que vive com sua avó e seu irmão mais velho em Preston, Idaho, juntos com sua lhama. Dynamite é um personagem hilário que veste camisetas enfiadas por dentro de calças jeans de cintura alta, botas pretas e óculos de aro de aço. Possui um vocabulário digno de reconhecimento, incluindo um batalhão de palavrões inofensivos tais como "Pombas!" e "Putz!" À medida que o filme avança, o tio cômico de Napoleão chega para tomar conta deles, enquanto Napoleão ampara Pedro, um garoto novo na escola que é seu rival em esquisitices. O filme termina com Pedro, da forma mais inusitada possível, vencendo a presidência da classe.

Como veremos, muitas discussões surgiram sobre se os escritos de Stephenie foram influenciados por sua fé mórmon ou se são representantes dela. Para muitos observadores, entre eles um cineasta, não há dúvidas sobre uma conexão entre o Mormonismo e *Napoleão Dynamite*, mesmo nenhum personagem do filme sendo explicitamente ligado à fé.

"Acho que [os mórmons] definitivamente veem alguma correlação entre a fé e o personagem Napoleão, que criou alternativas criativas para palavrões como 'Deus!', 'Putz!' e 'Boboca!'", diz Jared Hess, que acolheu Heder na BYU e dirigiu *Napoleão Dynamite*. "Nos lares mórmons, é o que as crianças devem fazer."

Stephenie é claramente uma fã deste filme *cult* maluco – numa fotografia de família tirada de seus três jovens filhos em um Halloween, um deles estava vestido como Napoleão Dynamite – e, embora ela nunca tenha comentado publicamente a respeito do filme, certamente seus próprios personagens controlam-se quanto a palavras obscenas, assim como Dynamite, sendo plausível, portanto, a teoria da influência mórmon. Robert Kirby, jornalista do *Salt Lake Tribune* e autor de vários livros de humor mórmon, certamente acredita nisso. "[Heder] revolucionou a maneira com que os mórmons são apresentados no filme", ele diz. "O que estamos procurando é nosso próprio estereótipo. E, sem fazê-lo de forma pública ou 'estampada na cara', ele traz o personagem mórmon às telas."

A influência mórmon na escrita de Stephenie é, de forma alguma, aberta – como poderia uma história sobre vampiros e luxúria ser assim? No entanto, como veremos, existe uma entrelinha de influência religiosa no decorrer das histórias. Os escritos de Stephenie, ainda assim, não são de jeito nenhum dominados ou dependentes de seu mormonismo. No ano em que Stephenie se formou na BYU, um livro estava sendo publicado no Reino Unido que mudaria a cara das publicações para o público juvenil, e pavimentou o caminho para o sucesso de Stephenie na década seguinte.

J.K. Rowling escreveu o livro numa máquina de escrever manual. Foi um processo de conclusão tortuoso para Rowling, que foi atingida por uma onda de inspiração durante uma longa viagem de trem, mas não tinha nenhum intuito de passar para o papel seus pensamentos. Então, quando ela se sentou para escrever o livro em sua velha máquina de escrever, dia sim, dia não, uma tragédia a atingiu. A mãe de Rowling faleceu com apenas 45 anos de idade. Em resposta, sentiu-se compelida a fugir de tudo e mudou-se para Portugal para ensinar inglês. Ela levou consigo sua máquina de escrever e redigiu um capítulo – seu favorito do livro – enquanto estava lá. Na mesma época em que ela voltou à Inglaterra, Rowling teve uma filha, Jessica, de quem teria que tomar conta. Toda vez que ela adormecia, Rowling corria para escrever o máximo que pudesse durante suas horas de tranquilidade. Ela gostava de escrever, particularmente, em cafés, assim ela não teria de parar por muito tempo, a fim de reabastecer-se com café. Estava lutando contra uma depressão na mesma época, mas a história que ela estava criando colocaria um sorriso nos rostos de leitores por todo o mundo.

O trabalho resultante, *Harry Potter e a Pedra Filosofal*, era um livro de fantasia sobre um bruxo adolescente. Finalmente, ela o publicava em 1997, enquanto Stephenie se formava na BYU, lá na América. O livro acabou se tornando, de fato, um sucesso descontrolado muito rapidamente, vencendo prêmios e chegando ao topo das listas de *best-sellers* apenas alguns meses após ter chegado às prateleiras. À medida que os títulos subsequentes da série de sete livros iam sendo publicados, milhões de cópias eram arrancadas das livrarias nas primeiras horas de publicação, tendo a história sido adaptada a uma série de filmes de sucesso de bilheteria.

Rowling já passou da metade do caminho para chegar a ser uma bilionária; de acordo com alguns relatos, ela é até mais rica que a Rainha Elizabeth II. Sem este sucesso pioneiro da série *Harry Potter*, Stephenie talvez não tivesse encontrado tão facilmente o caminho para sua carreira como escritora, nem tivesse sido uma perspectiva tão atraente para ela. Os livros de *Potter* reacenderam o interesse juvenil pela leitura e deixaram editores ao redor do mundo desesperados para ter os seus próprios Rowling. Mas onde eles encontrariam outra pessoa assim?

Stephenie estava a apenas poucos anos dela mesma levar seus personagens às telonas, mas poucos poderiam saber disso, já que esses eram seus primeiros momentos após sua formação na BYU. Enquanto Pancho saía para o trabalho todo dia, ela se tornava uma "mãe dona de casa" e se preparava para criar sua nova família. Ao passo que era uma mãe muito orgulhosa e feliz, será que uma parte dela se arrependia de ter casado tão cedo após sua formação?

Certamente, em seus livros, existem sugestões constantes que este possa ter sido o caso. Em seu livro *Eclipse*, por exemplo, o terceiro volume da série *Crepúsculo*, sua heroína Bella fala com desdém sobre como sua mãe se casou pouco depois de ter deixado o ensino médio, descrevendo tal decisão como "o erro que mais transformara sua vida". Ela diz com desgosto que as ações de sua mãe foram "imprudentes e patetas" e rumina que "gente inteligente" se assegura em seguir uma carreira e experimenta mais da vida antes de constituir uma família.

Mas não deixa seu amargo veredicto somente ali. Bella, depois, com um esgar, descreve uma arquetípica "caipira provinciana" que "se casa logo após ter saído do ensino médio". Ela se enfurece: "eu não sou este tipo de garota! Não é o que sou!" Ainda há mais: em outra parte do livro, o rival amoroso de Edward, Jacob Black, alerta Bella a não formar uma família tão depressa. "Pense nisso, Bella. De acordo com você, só beijou uma pessoa (...) em toda sua vida, e está encerrando suas buscas? Como sabe que é isso que você quer? Não devia experimentar um pouco?"

Será que Stephenie está falando a ela mesma por meio destes personagens? Enquanto se mantém uma amável e fiel esposa, será que aqui há uma parte de sua psique saltando das páginas até nós?

Experimentar um pouco, porém, foi o oposto que Stephenie fez – embora, diferente da mãe em *Eclipse*, ela, ao menos, teve seus anos na universidade para aproveitar e experimentar antes de amarrar-se. Sofreu algumas perturbações durante esse tempo após alguns términos de relacionamentos com alguns homens, porém ela nega que tais momentos ajudaram-na a alimentar sua habilidade de escrever sobre a dor de Bella. "Nunca sofri uma perda amorosa como a de Bella", disse. "Nada parecido. As poucas vezes que tive meu coração abatido, não fiquei devastada, nem fui melodramática. A vida continua, e eu a seguia. Era muito prática com minhas rejeições, e sempre estava consciente de que nunca era o amor verdadeiro que eu estava perdendo." Ela encontrou o amor verdadeiro com Pancho, no entanto, e agora era hora de ficar em casa e começar a construir sua própria família.

O primeiro membro surgiu dois anos após Pancho e ela terem se casado, dando à luz a seu primeiro filho, Gabe, em 1998. Quatro anos mais tarde nasceu Seth e, um ano depois, veio Eli. "Eles são perfeitos", diz a idólatra e amorosa mãe de seus três filhos. Ela não tem planos imediatos para aumentar a família, mas brinca que, com a aparição das admiradoras adolescentes de seu *Crepúsculo*, ela chegou a considerar a possibilidade de adotar uma menina adolescente. De fato, ela já tinha um nome em mente para uma filha, mas nunca conseguiu dá-lo – até que o fez ao nomear a heroína de seu primeiro livro, como veremos.

Stephenie vestiu excelentemente a maternidade e entende muito bem o que significa este papel. "Todo mundo é filho de alguém, certo? Então, como mãe, a compaixão vem mais à tona. Você quer que as pessoas sejam felizes; quer entendê-las; quer que estejam bem acomodadas."

Com a maternidade, no entanto, veio o amanhecer de um peso novo de responsabilidades. Aqueles tipos de pesadelo que teve quando criança, quando preocupava-se com seus irmãos mais novos, voltaram à medida que começou a ser atormentada por constantes sonhos ruins. Porém, desta vez, eram ainda mais aflitivos, pois se focavam em seus próprios filhos. Como Bella protesta em *Lua Nova*, "Se fechar os olhos agora, vou ver coisas que não quero. Terei pesadelos." Fantasias oníricas aproximam-se muito da história da vida de Stephenie.

Enquanto Pancho ia trabalhar todos os dias como auditor de uma firma de contabilidade, ela ficava em casa e criava as crianças. Havia trabalhado um pouco como recepcionista, mas estava muito mais confortável no papel de mãe-caseira. Havia poucos indícios, até este ponto, sobre qual destino estava reservado para ela, e poucos sinais da enorme criatividade que ela estava prestes a mostrar. Quando ainda estava na faculdade, ela escreveu um pouco da "má poesia" anteriormente citada e pintava alguns borrões de tempos em tempos. Antes da chegada de Gabe, havia escrito alguns capítulos de uma história sem título, porém, desde que ele viera ao mundo, ela não escrevera coisa alguma. Temia que, se escrevesse ficção, abriria portas para que outros pensamentos e lugares entrassem em sua cabeça. Escrever era um daqueles prazeres que eram rapidamente esquecidos, uma vez que a realidade da maternidade alvoreceu sobre ela. Realmente, após ela ter se formado, uma das coisas mais criativas que ela fez com seu tempo foram visitas ocasionais a um clube *scrapbook*. (Sua heroína do *Crepúsculo*, Bella, recebe um *scrapbook* de presente em seu aniversário de 18 anos no segundo livro da série, *Lua Nova*.) Aquele foi um dos poucos momentos em que Stephenie deixou o lar familiar para fazer algo de seu interesse, embora ela também fosse ao cinema de vez em quando.

Contudo, ela era mais vista em casa fazendo coisas de mãe. Trocava fraldas, dava banho nas crianças, lia histórias para eles e costurava fantasias de Halloween. E havia o pano de fundo sempre presente das atividades da igreja para ela mergulhar. Era uma existência feliz, mas faltava alguma divergência considerável das normas. Há muitas mulheres como ela na América do Norte; suas vidas e contribuições são plenamente admiráveis, contentes e tranquilas. Poucas delas, contudo, mudam seu estilo de vida para fazer algo como Stephenie fez.

Porém, o indício de seu futuro maravilhoso era um tanto óbvio àqueles que lhe eram próximos – com a vantagem de saber com antecedência, ao menos. Toda vez que se sentava com um de seus bebês em seus braços, a mão que ficava livre sempre estava segurando um livro. Talvez ela tenha desistido de escrever ao encarar a maternidade, mas ela continuava a ler tanto quanto (se não mais que) lia antes. Devorava romances de um amplo espectro de autores e de uma enorme variedade de gêneros. O grande poeta inglês William Shakespeare, incluindo seu clássico *Romeu e Julieta*; o escritor canadense de *Anne de Green Gables* e os livros subsequentes de Anne Shirley, L.M. Montgomery, que é sua autora juvenil favorita; a escritora americana do século XIX, Louisa May Alcott; o romancista americano de ficção científica Orson Scott Card; Janet Evanovich, que começou sua carreira como escritora de romances e mudou para livros de mistério. Evanovich seria, em breve, a catalisadora para o pulo de Stephenie para dentro do mundo da fama literária, num nível prático.

Enquanto isso, ela se tornava cada vez mais aquela rata de biblioteca e se embriagava da arte de enveredar-se por uma fantástica e atraente leitura. De fato, durante seu curso na BYU, ela preferia ler a escrever. Para ela, era empolgante o fato de que algo que ela curtia fazer a todo instante poderia ser considerado "trabalho" no sentido educacional. Ela permanece fã de outros autores, e diz que seu sonho seria presenciar uma mesa de discussão entre Orson Scott Card, William Shakespeare e Jane Austen. Somente uma verdadeira *nerd* poderia ter tais fantasias. Talvez aqui, também, possamos ver um toque de seu jeito de moleca. Tais hábitos são de maior interesse dos homens, não é mesmo?

Com relação a *Anne de Green Gables*, ela fica particularmente empolgada quando fala a respeito devido a tanta admiração. Publicado em 1908, é a história de um casal que adota uma criança, mas, ao invés do garoto que esperavam, são presenteados com uma menina valentona, criativa e interessante. Uma história que, às vezes divertida, às vezes comovente, é um verdadeiro clássico que igualmente foi adaptada para as telas. Stephenie gostou, particularmente, da longevidade da narrativa. "Nunca fui uma fã das histórias em que tudo termina e eles se beijam no casamento", ela disse. "*Anne de Green Gables* começa quando ela ainda era uma criança. Teve uma adolescência muito bem descrita; teve um noivado que durou um livro; temos de ver o casamento dela; temos de vê-la tendo seu primeiro filho e perdendo seu primeiro filho; temos de ver seu filho crescer. Vemos sua vida toda e, simplesmente, adorei aquilo."

Sua personagem Bella na série *Crepúsculo* menciona *Green Gables* em diversas ocasiões, particularmente durante *Eclipse*, o terceiro livro da série. Quando ela se imagina casando com Edward, o elegante herói de *Crepúsculo*, começa a ter sucessivos "*flashbacks* de *Green Gables*".

Stephenie considera *Speaker for the Dead*, do anteriormente citado Orson Scott Card, o romance mais influente em sua carreira. O herói do livro de ficção científica é Ender Wiggin, que num livro anterior da série (*Ender's Race*) exterminou uma raça alienígena – "os *buggers*". *Speaker for the Dead* é ambientado em 5270, 3.000 anos após o primeiro volume. Ender declara que o extermínio foi um erro e anseia por uma redenção. Quando uma segunda raça alienígena – conhecida como "os *piggies*" – aparece, daí surge sua chance. Num longo e ambicioso livro, temas de natureza cultural e religiosa são abrangidos. Foi um sucesso quando publicado em

1986, ganhando o Prêmio Nebula, seguido do Prêmio Hugo no ano seguinte.

Talvez a honra mais importante que tenha recebido, no entanto, foi o apoio de Meyer como sendo o livro de maior influência sobre ela enquanto escritora. "Os romances são uma pequena parte de seus livros, mas trazem as pessoas à vida", ela diz com carinho. Duas décadas após ter sido publicado pela primeira vez, *Speaker for the Dead* começou a vender como água depois dos elogios de Stephenie. Ela elege seu autor, Card, como a pessoa com quem ela mais gostaria de sair para jantar. "Tenho um milhão de perguntas para ele. Em sua maioria, coisas como: 'como você cria essas histórias?'"

Eles teriam muito o que conversar, pois ele também possui uma história na Igreja dos Santos dos Últimos Dias, e fez parte de uma missão da Igreja no Brasil durante o início dos anos 1970. Desde então ele se tornou uma figura politicamente controversa que fez campanha contra os direitos homossexuais e apoiou a política externa da administração de George W. Bush. Contudo, ela continua uma fã. "Ele é meio que meu escritor favorito ainda vivo", ela diz. Ela inclui uma citação de seu livro *Empire* na introdução a um dos capítulos do livro *Amanhecer*, o quarto da série *Crepúsculo*.

Outros escritores que ela cita publicamente como admiradora são Daphne du Maurier, que escreveu as seguintes histórias adaptadas para o cinema: *Os Pássaros, Não Olhes Agora* e *Rebecca*. Também leu alguns dos trabalhos épicos de fantasia de David Eddings, os mistérios de assassinato de Agatha Christie, *A Princesa Prometida* de William Goldman e *Uma Companhia de Cisnes* de Eva Ibbotson.

Tendo saído da universidade, ela não estava mais propensa a ler livros de todos os tipos – até tornou-se uma piada padrão no lar de Meyer. "Simplesmente leio todo o tempo", ela disse. "Na verdade, meu marido costumava me provocar. Passei seis anos de minha vida sempre carregando um bebezinho em meus braços, daí minha outra mão ficou praticamente moldada na forma de um livro, a fim de mantê-lo aberto. Provavelmente, lia de cinco a seis livros por semana."

Um tipo de livro que Stephenie *não* lia, porém, era qualquer coisa relacionada a vampiros. O mais perto que chegou, foi ler alguns romances de Anne Rice, em cuja coletânea de livros de temas góticos incluem-se alguns temas de vampiro. Curioso, não? De qualquer modo, lendo uma média de quase um livro por dia, ela foi – consciente ou subconscientemente – absorvendo as artimanhas em alta escala. Ostensivamente, os livros continuavam fazendo companhia a ela quando ficava em casa tomando conta das crianças, enquanto Pancho estava fora trabalhando. Quando ela criou seus próprios personagens, incutiu em um deles um amor por livros. "Ainda não sabe de cor?" perguntou Edward a Bella, à medida que ela se sentou para ler *O Morro dos Ventos Uivantes* pela enésima vez, numa conversa que pode ter acontecido originalmente no próprio lar de Meyer.

"Você tem problemas sérios com os clássicos", Bella responde rapidamente.

Algumas mães ficam vegetando durante o dia, em frente a uma televisão, em todo intervalo que conseguem de seu trabalho árduo de maternidade, e não há nada de errado nisso. No entanto, para Stephenie, eram os livros que faziam esse papel, possibilitando-a atravessar dias longos e exaustivos de jovem mãe. Eram exaustivos, pois as crianças eram muito ativas. Ela disse que seus meninos pareciam "chimpanzés sob o efeito de *ecstasy*". Era uma mãe amorosa, mas, como todas as mães, frequentemente exausta também. Os livros tornaram-se sua fuga, os personagens seus amigos. Acordava todas as manhãs com tarefas domésticas cansativas e infinitas pela frente. Eram sempre dias mundanos, mas ela sempre tinha a perspectiva de mais leituras, as quais poderiam transportá-la a diferentes lugares e diferentes mundos. Ela realmente desgastou os livros fisicamente, dando luz, no livro que ela estava prestes a escrever, a um comentário sobre o livro que uma personagem está lendo e, estando tão exausta, deixa cair sobre a mesa quando o abaixa. Muitos dos fãs de *Crepúsculo* reconheceriam esta cena.

Como já vimos e veremos novamente, ler foi mais que uma mera atividade de lazer com um toque de fuga. Stephenie estava construindo as fundações de sua própria imaginação sobre como produzir seus próprios escritos. "Ler era, realmente, meu único treinamento na escrita fictícia", ela diz. "Nunca fiz uma aula ou li um livro sobre como escrever. Apenas absorvi o básico por ler milhares de histórias de outras pessoas." Logo, ela começaria a escrever sua própria história – uma que transportaria milhões de fãs absortos e maravilhados a um lugar diferente.

Ela foi para a cama uma noite, apagando as luzes e, ao fechar os olhos, mergulhou em seu colchão. O sono se manifestou sobre ela. Sua vida nunca mais seria a mesma.

Capítulo Três

UM SONHO MARAVILHOSO

Stephenie Meyer pode detalhar o dia exato em que foi arrebatada pela inspiração da série *Crepúsculo*. Foi o primeiro dia em que seus filhos começaram suas aulas de natação e que ela começou sua dieta de verão e, por causa disso, essa data foi marcada em seu calendário: dia 2 de junho de 2003. O verão prometia ser complicado para Stephenie e Pancho. Quando ela estava grávida de Eli, tomou um tombo e quebrou feio seu braço. Por ser gestante, o acidente causou enorme preocupação para ela e Pancho, principalmente porque, desde sua primeira gravidez, foi erroneamente alertada sobre um aborto iminente.

A inquietação não havia acabado, pois, apenas um mês depois, Pancho foi diagnosticado com a doença de Crohn, uma enfermidade que causa uma inflamação dolorosa dos intestinos. Seguiu-se um difícil tratamento, e tudo isso causou ainda mais preocupação e dor para ambos. Em meio a todo esse *stress*, e após uma gravidez atrás da outra, Stephenie ganhou bastante peso e encararia um significante aniversário no fim do ano também. Como nunca foi uma grande fã de aniversários, pois o dela cai muito perto do Natal, ela estava ainda menos entusiasmada que o normal por outra razão: seria outro marco na caminhada para a idade avançada. Não é de admirar-se que ela sentiu-se ainda mais infeliz com sua sorte. "Não foi uma boa época de minha vida", ela disse. "Meu trigésimo aniversário estava chegando e eu não estava nem um pouco preparada para ser uma trintona", diz. "Não me sentia muito estimulada. Tinha meus filhos, mas não fazia muita coisa."

Tudo aquilo estava prestes a mudar na noite de 1º de junho de 2003. Em pouco tempo, algo incrível aconteceria e a manteria, de fato, muito ocupada. Naquela noite, ela experimentou o mais vívido e poderoso sonho. E era verdadeiramente perturbador. Ela sonhou com um dos mais estranhos cenários.

"Em meu sonho, duas pessoas conversavam intensamente num prado no meio de uma floresta", explicou ela em seu site oficial. "Uma destas pessoas era simplesmente uma garota comum. A outra era incrivelmente bela, brilhante e um vampiro. Eles discutiam as dificuldades inerentes aos fatos de que (...) eles estavam apaixonados um pelo outro, enquanto que (...) o vampiro estava particularmente atraído pelo perfume de seu sangue, e encontrava grande dificuldade para refrear seu instinto de matá-la imediatamente."

Então, como frequentemente acontece com sonhos intensos, ela acordou repentinamente, às 4h da manhã, atormentada pelas imagens e cenário que vieram à sua tela mental durante seu sono. "Era muito claro. Eu era uma observadora. Quando acordei, sentei-me com os olhos ainda cerrados, refletindo sobre aquilo", ela disse. "Era como quando lemos um ótimo livro e não conseguimos parar. Queremos saber o que acontecerá em seguida. Portanto, meditei um pouco sobre tudo o que havia sonhado." Ela estava fascinada (e estava, com efeito, assistindo em sua mente a primeira adaptação para as telas do livro *Crepúsculo*).

Os deveres maternos foram postos um pouco de lado, pois ela queria estar exatamente onde estava para, assim, poder continuar com aquela cena em mente. "Embora tivesse um milhão de coisas para fazer – por exemplo, preparar o café da manhã para filhos famintos, vesti-los, trocar suas fraldas, encontrar os trajes de natação que ninguém nunca põe no lugar certo, etc. – fiquei em minha cama, pensando sobre o sonho", acrescentou.

Apesar de ser uma mãe correta e responsável, ela estava, todavia, temporariamente quase estarrecida pelo sonho e seu desenrolar. Assim como o sonho a perseguia por aqueles momentos iniciais, igualmente, era atormentada pela nítida sensação de que poderia rapidamente esquecê-lo. "Fiquei tão intrigada pela história do casal sem nome que odiei a ideia de, porventura, esquecê-la; foi o tipo de sonho que faz você ligar para uma amiga, fazendo-a se entediar com uma descrição detalhada. Ainda por cima, o vampiro era tão bonito que não queria perder aquela imagem mental.

"Meio sem vontade, acabei por levantar, fiz minhas tarefas imediatas, abstraí um pouco de tudo o que pudesse naquele momento e sentei-me ao computador para escrever – algo que não fazia há tanto tempo que cheguei a pensar por que me importara. Mas não queria perder o sonho, então, pus-me a escrever o máximo que podia lembrar, chamando os personagens apenas por 'ele' e 'ela'."

Costumava brincar que quando se tornou uma mãe de três, ela desenvolveu um "Alzheimer precoce", por isso, decidiu escrever todos os detalhes antes que escapassem de sua memória. Ela abriu um novo documento em seu computador e começou a digitar. A primeira linha que escreveu foi: "Sob a luz do sol, ele era chocante." O *Crepúsculo* estava a caminho.

A própria existência dele em sua imaginação já era chocante, também. Pois, como vimos, Stephenie não era uma grande fã de filmes ou livros de vampiros. Portanto, é estranho que ela tenha sonhado tão claramente com um vampiro, e que sua imagem tivesse sido tão atraente.

"É a coisa mais esquisita", Meyer disse. "Não sei de onde isso veio. Não sou uma pessoa muito chegada a vampiros." Porém, ela acha que entende a atração que eles geram. Imagina que as pessoas os amam, pois "são belos, cultos, podem viver eternamente. Os vampiros possuem aquela fronteira encantadora com seu horror." Mais tarde, ela expandiu seus pensamentos, explicando melhor as diferenças entre os vampiros e outras criaturas fictícias amedrontadoras.

"Minha teoria pessoal é que, mais que outros monstros, os vampiros fascinam os humanos devido a sua natureza dúbia", ela disse. "Eles não apenas nos assustam, mas também nos atraem. A maioria dos outros monstros que gostamos são, tradicionalmente, feios e repulsivos – zumbis, alienígenas, aranhas gigantes – mas vampiros, por outro lado, possuem diversos atributos que invejamos: são bonitos, eternamente jovens, fortes, inteligentes e bem articulados, frequentemente se vestem melhor que nós e, às vezes, até vivem em castelos. O vampiro sofisticado traz à baila uma questão: vale a pena ser demoníaco se puder ter tudo aquilo que quiser?"

Quando se sentou para escrever naquele dia, Stephenie pretendia criar um vampiro sofisticado para sua história – não que ela tivesse qualquer plano definido. De maneira alguma, ela esperava escrever algo que se tornaria parte de um romance *best-seller*. Em vez disso, ela apenas pôs em palavras a estrutura e o diálogo básicos do que lhe aparecera em seu sono. De qualquer forma, ela *estava* escrevendo e, como muitos escritores já descobriram, depois que começa, é difícil saber onde isso o levará. "Era melhor que o sonho, pois começava a torná-lo real", ela disse.

O processo, a jornada pode, frequentemente, ser agradável. "O sonho foi o que me incentivou", ela relembra. "Diverti-me muito aquele dia. Eram apenas dez páginas. Não pensei em escrever um livro. Queria apenas saber o que aconteceria na sequência. Sei quando comecei a escrever, pois marquei em minha agenda."

Então temos: 2 de junho de 2003 é a data em que a saga *Crepúsculo* nasceu. Que figura de enorme sucesso provou ser! Sua criadora, Stephenie, rapidamente soube que queria escrever muito além da cena no prado. Ficou encantada por seus personagens, os quais, a esta altura, ainda eram meramente "ele" e "ela", e queria ampliar suas experiências e sua história. "Estava ansiosa para saber mais a respeito do que aconteceria a estes personagens intrigantes", disse Stephenie. "Então continuei a digitar, deixando a história correr aonde quer que fosse."

Ela escrevia fluidamente pelos dias que se seguiam e, tão logo, reunia força e motivação, dando corpo à sua história. "Desde então, nenhum dia passou sem que eu escrevesse alguma coisa", relembra. "Em dias ruins, apenas digitava uma ou duas páginas; em dias bons, concluía um capítulo e mais um pouco." Não conseguia ficar longe do computador, ela acrescentou. Ficava colada na escrivaninha para poder continuar a embelezar a história do duo cujos nomes surgiriam em breve.

Primeiro, ela nomeou o vampiro. Para ele, ela decidiu que "usaria um nome que uma vez chegou a ser considerado romântico, mas que perdeu sua popularidade por décadas" – Edward. Era o nome que havia sido usado para protagonistas de dois dos romances favoritos de Stephenie. Em *Jane Eyre* de Charlotte Brontë, Edward Rochester é um herói byroniano e o senhor da Mansão de Thornfield. Em *Razão e Sensibilidade* de Jane Austen, Edward Ferrars é o mais velho dos dois irmãos de Fanny Darshwood. Ele é introduzido no romance sem muitos elogios. "Ele não era bonito e suas maneiras requeriam intimidade para torná-las agradáveis", escreveu Austen. (Seu personagem foi interpretado pelo ator britânico Hugh Grant na adaptação de 1995 do livro para as telas.)

Esses dois personagens foram as inspirações que levaram Stephenie a nomear seu personagem masculino. Além destes, houve outros poucos preciosos ícones de nome Edward na história cultural. Edward Mãos-de-Tesoura foi a alcunha estranhamente gentil para um personagem principal de um filme de grande sucesso, e Edward, a Locomotiva Azul, era um personagem bonzinho demais em *Thomas e Seus Amigos*. Nenhum deles possuía o status literário dos senhores Rochester e Ferrars, para começar. Stephenie decidiu que era a hora para trazer o nome Edward de volta à popularidade e deu-o ao personagem de seu belo vampiro. Seu sobrenome seria Cullen.

Para o personagem feminino, ela achou muito mais difícil para escolher seu nome. "Nada do que a chamava parecia ser o certo", ela disse de suas atribulações quanto à decisão. "Após passar tanto tempo com ela, amava-a como uma filha e nenhum nome seria bom o bastante. Finalmente, inspirada por aquele amor, dei-lhe o nome que poria em minha filha, a qual nunca tive e era pouco provável que tivesse a esta altura: Isabella. U-hu!"

No entanto, a personagem se tornaria mais comumente conhecida por Bella, a palavra italiana para beleza. Agora, Stephenie já tinha os nomes para seus dois personagens principais: u-hu, mesmo! A essa altura, eles eram apenas personagens numa história que Stephenie ainda não tinha contado a ninguém que estava escrevendo. Porém, ela os amava ainda mais por isso. Eles eram seus amigos secretos, parte de seu mundinho dentro do qual ela podia desaparecer.

Exatamente por causa disso, a próxima coisa que ela precisava para a história era um local. Dados alguns fatores chave que ela tinha em mente para a história, havia um importante detalhe que ela precisava melhorar. "Sabia que precisava de algum lugar absurdamente chuvoso", ela escreveu em seu site oficial. "Entrei no Google, como faço para todas as minhas necessidades de pesquisa, e procurei pelo lugar onde tivesse a maior incidência de chuva nos Estados Unidos. Por fim era a Península Olímpica no Estado de Washington. Abri diversas páginas com mapas da área e os estudei, procurando por algum lugar pequeno, fora do caminho, cercado por florestas (...) E lá, exatamente onde eu queria que fosse, estava uma pequena cidade chamada 'Forks'. Não seria mais perfeito se eu a tivesse nomeado. Fiz uma busca por imagens da área no Google e, se o nome não tivesse me conquistado, as incríveis fotografias teriam."

Forks era um nome estranho para uma cidade – é mesmo uma cidade – e um nome ainda mais estranho para um livro. Ainda assim, este foi o nome que ela havia escolhido inicialmente para ser o título da história que estava criando. Será que ele teria ganhado este status icônico se esse tivesse sido o título de seu romance?

Contudo, ainda havia uma longa jornada para tornar a história plena e coerente; quanto mais uma obra completa com potencial para transformar-se em um filme de sucesso. De qualquer forma, Stephenie continuou a escrever, tratando de concluir capítulos a uma velocidade alarmantemente rápida, levando-se em conta suas outras responsabilidades domésticas. Ela achou que o trabalho era "uma experiência incomum, pois me senti obsessiva com o processo. Não era muito da minha personalidade ser tão focada[;] é difícil ser assim com tantas crianças por perto."

Com efeito, ela chegou a comparar a experiência criativa com o romper de uma represa, tamanha a habilidade que sentia para escrever a história. Ela admite que, com tão pouco tempo à disposição, ela perdeu umas boas horas de sono, já que frequentemente escrevia nas primeiras horas da manhã. Às vezes, ela cedia um pouco durante aquelas poucas horas e dirigia-se à cama. No entanto, quando se deitava com seus olhos fechados, sua mente acelerava, ainda ativa com novas ideias.

Em outros momentos, ela escrevia com um de seus filhos sentado sobre ela. "Escrevia muito com meu filho de um ano de idade em meu colo", ela disse. "Ele é uma espécie de macaquinho, então ele se agarrava em volta de meu pescoço e eu digitava com os braços em volta dele."

Quanto mais escrevia, mais a história tomava forma, rapidamente, tornando-se uma fixação para ela. Enquanto assistia televisão ou ouvia a alguma música no rádio, ela assistia e ouvia através dos olhos e ouvidos de seus personagens. Quando uma música começava, ela pensava qual personagem de sua história gostaria mais e qual gostaria menos da canção. Na televisão, ficava imaginando qual dos atores da cena poderia interpretar que personagem de seu livro.

Do mesmo jeito que Edward, mais tarde, falaria a Bella em sua cabeça, durante o romance *Lua Nova*, assim também ele e Bella falavam à autora. "Todo esse tempo, Bella e Edward eram, quase literalmente, vozes em minha cabeça", escreveu ela em seu site. "Eles simplesmente não se calavam. Ficava acordada até o mais tarde que podia, digitando para tentar tirar todas aquelas coisas da minha cabeça; daí rastejava exausta para a cama (meu bebê ainda não dormia a noite inteira) apenas para que outra conversa começasse em minha mente. Odiava perder qualquer detalhe porque havia esquecido, então acabava por levantar-me e sentava em frente ao computador.

"Depois de um tempo, deixei uma caneta e um caderno ao lado de minha cama para anotar rapidamente qualquer coisa, para ver se conseguia tirar, pelo menos, uma soneca. Era sempre um desafio emocionante tentar decifrar, todas as manhãs, as coisas que havia rabiscado nas páginas no escuro."

Porém, valeu a pena o esforço para decifrar aquelas notas feitas com os olhos embaçados e cercada pela escuridão. (Ela mantém um caderno ao lado de sua cama até hoje.) Cada coisinha ajudou na hora de pôr todas as diferentes ideias e inspirações juntas num enredo coerente que estava se tornando uma magnífica obra-prima. Escrever realmente era a praia de Stephenie.

De fato, ela sentiu que, com esse processo, estava se conectando com uma habilidade que fora escondida, mas que agora voava solta gloriosamente. "Comecei com isso só para não esquecer a história, mas acabei continuando. Senti, realmente, que possuía um talento que não estava sendo usado; eu o construí. E este era o pontapé inicial. Era necessário que eu fizesse algo com esse talento."

Era como se ela estivesse pronta para se transformar numa borboleta, tendo se protegido previamente num casulo. Como ela voaria livre com suas asas recém-descobertas! Mas sua nova vida não existiria sem fazer alguns sacrifícios.

"Ser uma mãe é meio que o trabalho mais intenso que alguém pode ter", ela disse. "E eu tinha três garotinhos, então não havia tempo para fazer mais nada. Porém, estava obcecada com a história desde o primeiro dia. Pintei antes e fiz algumas outras pequenas atividades criativas, pois me sentia bem sendo criativa; mas essas tentativas não eram plenamente gratificantes."

Escrevendo, no entanto, ela se sentia plena. "Era como se tivesse acabado de descobrir meu sorvete favorito", ela disse. "De repente, aí estava: 'Isso é o que eu deveria estar fazendo nos últimos trinta anos. Em que eu estava pensando?' Então, apenas continuei."

Continuar e encontrar tempo em meio a seus deveres domésticos significava que outras coisas precisavam ser deixadas de lado para Stephenie. A primeira coisa seria o contato com o mundo externo, ou seja, tudo além de sua família e das paredes de sua casa. Largou seu clube de *scrapbook*, parou de sair com os amigos e pôs fim a suas idas ao cinema local. Ela se tornou uma pessoa reclusa, abandonando por completo toda e qualquer distração que fosse desnecessária. "Tornei-me uma eremita naquele verão", comenta.

Sua introspecção era completa e abrangente quanto ao que estava escrevendo – ela nem contou a Pancho o que estava tramando. O casamento deles não era um daqueles cheios de segredos, mas, por ora, ela queria manter a discrição em relação a seus escritos. De certa forma, ela sentiu que, naquele momento, escreveria melhor se não compartilhasse os detalhes com os outros, um sentimento que ainda vive nela. "Então ele ficava intrigado com tanto mistério", diz ela. "E um pouco irritado, pois eu não saía de perto do computador."

Ela não pensava, nem mesmo remotamente, se publicaria um livro ou assinaria um contrato. Era a história dela e, por ora, continuaria assim. "Eu era bem protetora e reservada quanto a ele, pois era um romance vampiresco", ela disse. "Ainda é um pouco vexaminoso dizer aquelas palavras – parece tão brega. Eu não iria simplesmente contar-lhe que estava escrevendo essa história sobre vampiros, pois ele ficaria ainda mais desconfiado."

Isso, naturalmente, foi criando uma atmosfera um tanto tensa na casa. "Nenhum de nós possui uma personalidade muito dócil", ela admite. "Discutimos o tempo todo, pois somos assim. Não entrávamos em argumentos maldosos, mas tenho certeza que discutíamos sobre o assunto, porque discutimos sobre tudo – discutimos até sobre o leite."

Sua irmã mais velha, Emily, foi uma das primeiras pessoas que perceberam que Stephenie tornara-se mais quieta e, também, a mais rápida para começar a investigar o que estava ocorrendo, tornando-se, assim, a primeira pessoa a quem Stephenie admitiu em que estava empenhada. "Era anormal ela não estar conversando comigo", lembra Emily. "Chamei-a e disse: 'O que está havendo? Por que você não me liga mais?'"

Stephenie sentiu, por diversas razões, que aquele era o momento de conversar com alguém sobre o emocionante projeto em que ela estava envolvida. "Não tenho segredos com Emily", ela disse. "Pensei que ela fosse rir, mas por fim ela era uma grande fã de *Buffy*, o que eu não sabia. Ela queria lê-lo, porém, por um lado, estava morrendo de vergonha, mas, por outro, estava apaixonada pelo projeto, então queria que ela visse."

Então ela contou a Emily o que estava fazendo e começou a mandar a ela, por *e-mail*, os capítulos, à medida que os concluía. Sua irmã ficou impressionada com aquilo que lia. Esta admiração não era resultado da lealdade ou respeito fraternal. Estava se tornando genuinamente aficionada pelo desenrolar da história. "Ficava ligando e caçando ela... estava sempre enchendo sua paciência", ela diz. "Perdi a conta de quantas vezes li *Crepúsculo*."

O livro já tinha sua primeira fã confirmada, e, inclusive, foi a própria Emily que lutou para persuadir Stephenie a tentar publicar a história. Agora então era a hora de contar a Pancho em que ela estava envolvida todo esse tempo debruçada sobre o computador da família. Não era um processo fácil contar as novidades para ele. "Contar a ele que eu estava escrevendo uma história sobre vampiros foi tão difícil quanto Edward contar a Bella que ele era um", disse ela com um sorriso. Seria, no mínimo, uma conversa bem esquisita.

Com a história concluída, Stephenie poderia começar a considerar a levar a sério o desejo da irmã. Primeiro, porém, ela foi surpreendida por outra alucinação onírica. "Realmente, tive um sonho, após a conclusão de *Crepúsculo*, com Edward vindo me visitar", disse Stephenie. "Só eu tinha compreendido mal tudo aquilo e ele, de fato, bebia sangue como outro vampiro qualquer e não era possível viver somente de animais, da maneira que eu havia escrito. Tivemos essa conversa e ele era horripilante."

A história foi inspirada por um sonho, e outro sonho formou o encerramento sombrio à compleição de sua criação. Stephenie ainda não considerava, pelo menos de início, ser esse um destino profissional. Ao invés disso, era simplesmente para sua própria diversão. "Não pensava, de jeito nenhum, em publicar qualquer coisa até estar inteiramente concluído – apenas estava contando para mim mesma uma história. Escrever somente pelo prazer de escrever, para meu próprio prazer."

No entanto, isso estava prestes a mudar, já que ela considerou de bom grado o incentivo da irmã. Será que Emily não estava apenas agindo como um membro gentil e bondoso da família quando disse que estava convencida que esse seria um sucesso comercial? Seria verdade que ela tinha mesmo em suas mãos uma obra-prima genuína com potencial para ser um *best-seller*?

A única maneira de descobrir era submeter a história à avaliação da indústria editorial e ver se eles gostavam. Porém, ela não tinha a menor ideia de como fazer isso. "Os filmes mentem para a gente!", brincou, enquanto descrevia as diferenças entre como os filmes apresentam o processo de publicação e a amarga realidade. Ela brinca que, qualquer um que aprenda o quanto é "insanamente impossível" o processo, nunca será capaz de apreciar o filme *Doze é Demais*, que inclui uma escritora aspirante chamada Kate. Stephenie estava prestes a passar por um curso relâmpago sobre as realidades desse processo.

"Sendo boazinha, eu era ingênua a respeito do mercado editorial", disse. "Pensei que era só imprimir uma cópia do livro, embrulhá-lo em papel pardo e enviá-lo para uma editora." Hoje ela ri quando olha para trás e vê sua ingenuidade. Foi usando muito o Google que aprendeu mais sobre como tentar ter seu livro publicado. "Tudo que estivesse envolvido com cartas de apresentação, agentes literários, submissões simultâneas versus submissões exclusivas, sinopses, etc., era extremamente intimidante e quase desisti ali."

Contudo, ela sentiu algo tão forte quanto a Edward e Bella como personagens que acabou se sentindo motivada por eles para prosseguir com seu objetivo. Sentiu-se compelida a levá-los ao conhecimento do grande público. "Certamente não era a crença em meu fabuloso talento que me incentivou: acho que amava tanto meus personagens, sendo eles tão reais para mim, que quis que outras pessoas os conhecessem também."

Stephenie achou o processo bem amedrontador e, quando recorda aqueles dias, ela tem reações físicas. Um dos primeiros sites da internet que ela estudou foi o WritersMarket.com. *Writer's Market* era, originalmente, somente um livro, mas poderosamente influente. Primeiramente publicado em 1921, rapidamente construiu sozinho uma reputação como o principal guia impresso para fazer com que alguém conseguisse ser publicado. Escritores – estabelecidos, aspirantes ou meramente sonhadores – folheiam as páginas do guia anual com sua combinação insuperável de detalhes de contatos de agentes e editores, dicas e outros recursos inestimáveis. Com o crescimento da internet foi lançada uma versão *online* que Stephenie examinava atentamente. Depois, usando seu cartão de crédito, tornou-se assinante da versão completa do site, a qual lhe deu acesso a uma infinidade de informações e dicas, assim como a opção de receber mensagens eletrônicas frequentes com dicas e truques.

"Era algo como três dólares por mês", ela lembra. Embora o serviço fosse extremamente útil, ainda assim era tudo muito intimidante para Stephenie. "Quando comecei a pesquisar sobre o processo editorial pareceu-me tão complicado – escrever cartas de apresentação e tudo mais", comentou. "Fico meio surpresa que não desisti naquela época. Isso é o que eu normalmente teria feito: desistir de coisas que me assustam." Mas ela foi em frente após encontrar nervos de aço dentro dela.

Outra fonte *online* de pesquisa utilizada por Meyer foi-lhe sugerida por sua irmã mais nova, Heidi. Era a página da escritora Janet Evanovich, que escreve em seu site sobre suas próprias experiências até conseguir ser publicada, incluindo a coleção de cartas de rejeição dentro de uma enorme caixa de papelão. "Ela disse que se quiser ser um escritor profissional, então encare isto como uma profissão. Marque as horas trabalhadas. Reserve tempo para escrever, se obrigue a sentar e pôr as mãos à obra. Às vezes é fácil – as palavras fluem e o trabalho rende bastante. Outras vezes é difícil e só dá para concluir uma frase em uma hora. Mas é melhor que nada."

Stephenie leu todas as páginas do site, incluindo as Perguntas e Respostas. Lá, Evanovich mencionou a agência *Writers House*. Ela a descrevia com reverência como "uma possibilidade concreta". Logo, quando chegou a hora de compilar sua própria pré-seleção de agentes para enviar sua história, Stephenie pôs a *Writer's House* no topo da lista. Ela considerou-a a opção "mais desejável [mas] a menos provável".

Então, com sua pré-seleção definida, estava pronta para mandar uma sinopse de apenas uma página da história, junto com uma carta de apresentação. Ela diz que ainda sente "um friozinho residual na barriga" quando se lembra das cartas recebidas. "Mandei cartas para quinze [agências] e recebi, eu acho, nove rejeições e cinco não responderam. Apenas uma topou, e era da agência 'vai sonhando, Stephenie' do topo da minha lista." Daquela que era, em outras palavras, mais desejável, mas menos provável – *Writer's House*.

A famosa agência literária na rua West 21st, em Manhattan, foi criada em 1973, o ano em que Stephenie nasceu. Al Zuckerman, um romancista e dramaturgo, foi um dos membros fundadores e prosseguiu com o projeto inicial para transformá-la numa agência respeitada e cheia de prestígio que combinava refinada influência comercial com técnica criativa. Assim, representava uma empresa dos sonhos para muitos escritores, aspirantes e outros do gênero. Os escritórios que ela ocupa foram construídos por William Waldorf e John Jacob Astor III, em 1881. Stephenie ficou estarrecida com a fachada do prédio: desenhada ao estilo Vitoriano, com refinados tijolos vermelhos combinados com granito polido e excelente terracota. A sala de reuniões da agência é um ambiente antigo e refinado que transpira sucesso e – em todos os sentidos da palavra – riqueza. Seria difícil participar de uma reunião ali e não acreditar que ainda não chegara ao universo das publicações.

Quando o envelope de Stephenie chegou ao escritório, foi posto sobre o que é conhecido como "pilha de baboseiras". Este é um termo apropriadamente desdenhoso para a pilha de correspondências não solicitadas que existe no escritório de qualquer agência (e qualquer editora). Provavelmente, devem estar inclusos nos envelopes manuscritos inteiros, sinopses, ideias para livros e talvez alguns subornos aqui e ali. A maioria da correspondência em tal pilha não será lida. No entanto, de vez em quando, um membro da equipe – normalmente um estagiário – é mandado para folhear o máximo que puder daquele monte, nas parcas chances de descobrir algum diamante bruto. Ali eles serão "recepcionados" por uma porção de material que é simplesmente impublicável. De poesias infernais a romances autobiográficos levemente disfarçados, até livros que chegam a pouco mais que um relato daquilo que o autor fez em seu feriado. O membro da equipe que peneira este material precisa de muita paciência, sendo de grande valia também a habilidade da leitura dinâmica, pois alguns dos exemplos acima estão entre os mais sábios fundamentos para um livro. Uma escritora no jornal *Guardian* deu alguns poucos exemplos do que leu enquanto peneirava a pilha de baboseiras numa editora em seu primeiro emprego após ter se formado na faculdade.

"Ganhei um prêmio em minha primeira aula pela minha redação", começava uma carta de apresentação, "e, desde então, sei que é meu destino ser um escritor. Envio-lhes as primeiras 600 páginas de minha fantasiosa *space opera*." Outra tomou uma via mais lasciva: "Somos um casal comum de Leicestershire, até a hora em que as luzes se apagam", começa a sinopse. "Esta é a história real de nossa jornada erótica, ilustrada por xilogravuras." Daí havia algo mais bizarro. "Sou uma mãe de quatro filhos e dois cachorros, com 35 anos de idade, e possuo uma infeliz lesão no pé. Estive escrevendo um romance sobre uma mãe de quatro filhos e dois cachorros, com 35 anos, que possui uma lesão no pé."

Ela recorda que eram os livros mais voltados para o público jovem que mais se afastavam da possibilidade de serem publicados. Apenas se permitia dar a tais projetos a mais rápida das avaliações, enviando então a carta de rejeição padrão, e assinando-a o mais ilegível possível, por medo de um telefonema colérico de um escritor rejeitado, o que frequentemente acontecia poucos momentos após a chegada da carta.

Era uma jovem assistente chamada Genevieve, ou Gen, para os conhecidos, que estava trabalhando na *Writer's House* quando a submissão não-solicitada chegou. Ela estava revirando a pilha de correspondências, quando se deparou com a sinopse de Stephenie. Ficou impressionada com aquilo e pediu a Stephenie para mandar os primeiros três capítulos para sua apreciação.

"Não tinha ideia, até muito tempo depois, o quão sortuda eu fui", disse Stephenie. "Acontece que Gen não sabia que 130.000 palavras [tamanho do livro informado na carta de apresentação] é uma verdadeira penca de um monte de palavras. Se ela soubesse que essas 130.000 palavras equivaliam a 500 páginas, ela provavelmente não teria pedido. Mas ela não sabia (imagine-me secando o suor de minha testa), e ela, de fato, pediu-me os três primeiros capítulos."

Stephenie estava "empolgada" por ter conseguido uma resposta promissora da agência que acreditava ser a mais interessante. Porém, estava um pouco preocupada, pois ela não acreditava que os primeiros três capítulos do livro fossem seu forte. Mesmo assim, ela fez exatamente o que lhe foi pedido e enviou os capítulos. Então, fez algo muito familiar a vários escritores aspirantes – ela esperou.

Todavia, não por muito tempo. O próximo contato da *Writer's House* veio apenas algumas semanas depois – o que é uma resposta bem rápida em tais situações. Quando a carta deles foi posta na caixa de correio de Stephenie, naquela manhã, ela estava estática de tanto medo. "Mal conseguia abri-la de tanto que tremiam as minhas mãos", disse. Não era necessária tanta preocupação, pois, assim que ela se acalmasse, veria que "era uma carta maravilhosa".

A carta datilografada explicava que Gen amara os capítulos, chegando a se dar ao trabalho de sublinhar essa frase à caneta – duas vezes. Então pediu para que Stephenie enviasse o manuscrito completo. "Aquele foi o momento exato em que finalmente me dei conta de que poderia ver o *Crepúsculo* realmente impresso, e que era, realmente, um dos momentos mais felizes de minha vida", diz Stephenie. "Gritei muito." Ela guarda a carta consigo até hoje.

Quando o manuscrito completo chegou, Gen o entregou à agente sênior da *Writers House*, Jodi Reamer. A agente rapidamente ficou surpresa e admirada pelo que estava lendo. Reamer trabalhava na empresa há oito anos quando a história de Stephenie cruzou seu caminho; ela passou seus anos anteriores "lidando com todos os tipos de projetos de livros imagináveis: ficção e não-ficção, adultos e infantis". Reamer, impressionada com a história, decidiu que queria "representar" o livro e ligou para Stephenie para contar-lhe as boas novas.

Foi um telefonema muito empolgante para a mãe dona de casa. "Tentei muito parecer uma profissional e uma mulher madura durante aquela conversa, mas não tenho certeza se consegui enganá-la."

De fato, isso não era importante, pois Reamer estava tão entusiasmada com Stephenie quanto Stephenie estava com Reamer. Ela descreve Reamer como "a superagente. Não podia estar em melhores mãos. Ela é um pouco advogada, um pouco ninja [...] e uma editora formidável da sua própria maneira." As duas se tornaram grandes amigas, também, durante o processo de publicação.

A primeira parte daquele processo foi uma quinzena na qual, escritora e agente, trabalharam juntas com o intuito de polir a história até o mais próximo da perfeição que pudessem. Isso incluía abrir mão do título original de Stephenie para o livro – *Forks* – e introduzir um novo, como veremos mais a frente.

"Então lapidamos alguns pontos ainda imperfeitos, e Jodi mandou-o para nove editoras diferentes", disse Stephenie. "Isso realmente mexeu com minha capacidade de dormir, mas afortunadamente não fiquei em suspense por muito tempo."

Entre as editoras que receberam o livro estava Megan Tingley, do selo editorial Little, Brown. Ela leu o manuscrito enquanto estava numa viagem de avião pelo país, durante o fim de semana de Ação de Graças. Ficou tão animada ao sentar-se ali para folhear as páginas, que não pôde esperar o avião aterrissar. Assim, contataria Reamer o mais rápido possível e assinaria o contrato do livro.

"Foi a combinação de desejo e perigo que me atraiu", ela lembra de sua primeira leitura do manuscrito, sentada a milhares de quilômetros no ar. "Não conseguia parar de ler." Ela continuou a ler e, na hora em que chegou ao meio da história, já estava convencida que, se sua editora pudesse lançar o livro, eles teriam um grande sucesso. "Pude sentir em minha alma que aquele livro que estava em minhas mãos seria um *best-seller* após ler apenas a metade dele."

Não era de se surpreender que ela estava ansiosa para pegar logo o telefone, ligar para Reamer e negociar o acordo. Porém, a negociação não seria tão fácil quanto ela achava. Tingley ofereceu pagar US$300 mil por um contrato de três livros, começando com o manuscrito. Para uma autora desconhecida e nunca publicada, uma oferta de US$100 mil por livro era fantástica. Meyer ficou radiante quando descobriu a quantia que uma grande editora estava lhe oferecendo. O valor que estava imaginando era de uns US$10 mil, que ela iria usar para quitar a minivan que havia financiado.

Então, quando descobriu que o adiantamento oferecido era 30 vezes maior, ficou chocada com a novidade. Estava além de seus sonhos mais loucos. "Honestamente, pensei que Jodi estava me engabelando", disse Meyer.

Imagine sua surpresa, então, quando Reamer disse-lhe que havia recusado a oferta e exigido uma quantia maior. Para ser preciso, Reamer pediu incríveis US$1 milhão pelo contrato. Stephenie tentou manter a calma, mas ela estava estupefata e quase entrou em estado de choque pelas cifras que estavam sendo discutidas pelo seu trabalho.

"Foi um dia muito surreal", comenta. "Quase vomitei. Eli estava comigo, e ele deve ter pensado que a sua mãe estava, por um momento, surtando", disse ela de seu filho mais novo, na época com um ano de idade. "Estava ao telefone com Jodi, tentando ser o mais profissional possível. 'Sim, adoraria. Isto é ótimo.' Daí liguei para minha irmã e mal conseguia falar. Eli ficava me seguindo com seu telefone de brinquedo fazendo 'ahn-ahn ahn-ahn', imitando-me."

Ficou aguardando ao lado do telefone para descobrir o resultado das negociações. Ela deve, com toda a razão, ter temido em alguns momentos que a tática durona de Reamer terminasse com as negociações, detonando-as por completo.

Stephenie aprendia rápido. Apenas alguns meses antes, ela estava completamente por fora das vias e politicagens do mercado editorial. Agora ela era, de repente, o sujeito de um feroz cabo de guerra entre sua agência e uma editora de grande porte. Esses foram dias atribulados para a dona de casa que estava achando difícil de acreditar no nível de interesse sendo expresso pelo livro. Com efeito, ela mergulhou em um sentimento de intensa paranoia, dentro do qual imaginou uma verdadeira conspiração em relação ao seu livro. Ela disse, "Por um longo período, estava convencida que aquilo era uma brincadeira verdadeiramente cruel, mas quem levaria a esses extremos uma tramoia com uma insignificante *hausfrau*."

Logo, a editora Megan Tingley pegou o telefone e respondeu à contraproposta de Reamer. Ela não chegou ao milhão de dólares que Reamer havia pedido, mas, em vez disso, ofereceu uma contraproposta de US$750 mil. Isso era incrivelmente mais que o dobro da oferta inicial e também era a maior oferta que a editora já fizera a um escritor desconhecido e não-publicado. Stephenie já estava fazendo parte da história das publicações antes mesmo de seu primeiro livro ser impresso. O leitor pode imaginar a reação nervosa que Stephenie teve ao pegar o telefone, pô-lo em seu ouvido e descobrir a respeito do contrato que sua agente tinha conseguido para ela.

Ela e Reamer aceitaram a oferta e o acordo estava fechado. Mas, apesar da fortuna repentina, o casal Meyer não mudou. "Minha grande ostentação foi deixar meu marido largar seu emprego e voltar aos estudos em tempo integral", diz Stephenie. "A outra foi quando compramos um cupê Infiniti G35 com *spoiler* e todos os acessórios. Amo aquele carro!" Para esclarecer as coisas sob alguma perspectiva, J.K. Rowling recebeu um adiantamento de apenas £1.500 pelo primeiro livro de *Harry Potter*.

Reamer fez sua cliente ficar muito orgulhosa. A agente não era nem um pouco fã de histórias de vampiros, mas ficou confiante de que tinha um sucesso em mãos durante a negociação com a Little, Brown.

Tingley disse: "Sei que tenho algo com grande potencial em mãos quando alguma coisa que esteja fora dos meus gêneros favoritos chama a minha atenção. Não sou uma fã de vampiros. Também não sou uma fã de romances. Mas este livro tem vampiros, romance e suspense. Igualmente, a heroína tem um apelo, pois é uma garota comum. Não é rica, não é linda, mas é forte."

Stephenie, no entanto, estava rica devido ao contrato fechado por Reamer. "Gostaria de ter acreditado em mim mesma e ter começado a escrever mais cedo."

Não era nenhuma surpresa. Apesar de muito de sua essência ainda continuar como uma "mulher comum", a fortuna de Stephenie era agora avaliada em quase um milhão de dólares. Apenas seis meses antes, ela havia se sentado e escrito em detalhes o sonho da cena no prado que teve naquela madrugada de junho. Quão longe ela chegou, e quão rápido!

"Tudo tem sido como um redemoinho de vento – mais como um relâmpago", acrescentou.

Pretensos escritores ao redor do mundo lutam ano após ano para, ao menos, conseguir a atenção de um editor ou agente, mas Stephenie correu até a linha de chegada em meio ano apenas. Ela disse estar consciente de sua sorte e admitiu sentir um pouco de culpa com relação a seu sucesso. Durante uma entrevista, pouco depois da publicação de *Crepúsculo*, ela refletiu, "Ohhh, outros escritores vão me odiar."

Não era simplesmente sorte, no entanto, e não havia por que sentir culpa de qualquer natureza. Sua história já estava se tornando algo com que, qualquer um com um coração, ficaria encantado de conhecer. Uma mãe comum que se torna o objeto de uma batalha entre editores é o tipo de coisa de que são feitos os sonhos. O fato de que a história em evidência foi o resultado de um sonho fez com que se tornasse ainda mais fantástica. O adiantamento que recebeu por *Crepúsculo* pareceria, em breve, migalhas, se comparado com seu iminente status de multimilionária. Mas antes havia muito trabalho a fazer.

A editora Little, Brown estava contente por ter um sucesso em mãos, mas foram cautelosos com relação a Meyer, de quem não sabiam quase nada. Eles enviaram um funcionário – um membro da equipe publicitária da empresa – para o Arizona para conhecer Stephenie. A autora comenta rindo que sentiu como se estivesse sendo avaliada. Queriam, ela suspeita, verificar que ela "não estava vestindo uma saia sobre a calça jeans, ou algo assim". Os editores e

Stephenie também discutiram sobre mudanças a serem feitas em seu manuscrito. De início, como vimos, queriam que ela mudasse o título. "Ficamos especulando sobre diferentes nomes, mas nada parecia transmitir a real sensação. Trocamos ideias por e-mail por cerca de uma semana. A palavra *crepúsculo* estava na lista de "palavras com atmosfera" que enviei a ela. Embora estas fossem palavras que seriam usadas em combinação com outra qualquer, a palavra *crepúsculo* destacou-se para nós duas", disse Tingley.

Assim, então, o livro foi renomeado para *Crepúsculo*. Mesmo com a vantagem de ter sido avaliado anteriormente, é incrível pensar que quase foi lançado com o título *Forks*, o que é, no mínimo, um título notavelmente não apelativo. Stephenie, porém, admite ainda ter uma "pequena queda" por seu título original. Ela também publicou em sua página eletrônica pessoal, alguns esboços que ela imaginou para a capa do livro, naquela época em que ainda não tinha assinado com a editora.

Havia também mudanças a serem feitas na história em si. Entre elas estava, principalmente, uma nova elaboração do final. Stephenie não escreveu a história com a intenção de torná-la uma série. Logo, a história chegava uma conclusão bem definida em sua primeira versão, uma que não permitia, tão facilmente, deixar a história em aberto para os próximos volumes da série. Havia outras pequenas mudanças a serem feitas. Por exemplo, para a cena do baile, Stephenie escreveu que Bella chegou ao evento em um carro Aston Martin V12 Vanquish. A decisão foi de que ela fosse transportada num veículo mais modesto. Stephenie arquivou o Vanquish para ser usado num livro futuro.

Ela tinha que aprender a ser mais durona, como pessoa, durante este processo, já que sua querida criação foi forçada a submeter-se a alterações de acordo com a fria realidade da edição comercial. "A revisão é muito mais invasiva que imaginava", Stephenie disse. "Muito emotiva e dolorosa... é difícil desenvolver aquela pele grossa para lidar com a crítica". Difícil mesmo, porque, como ela admite, ficou "muito intimidada pela revisão e pelos editores", somando o fato de que se sentiu como uma garotinha na escola, recebendo ordens do professor. Contudo, ela fez seu melhor para manter-se firme quando começaram as mudanças nos personagens. "Quando eles disseram, 'Assim é como gostaríamos que fosse', eu meio que disse, 'Edward nunca faria isso! É impossível!'"

Acrescenta ainda que, "Se fosse algo [ameaçador] aos personagens, eu me fazia de durona. Isso me ensinou a confiança que precisava para prosseguir com a carreira de escritora."

Revisões e melhorias subsequentes tiveram que ser feitas até Stephenie sentir-se preparada para remeter o livro ao copidesque. Ela foi então apresentada às provas. Esse seria o último momento em que ela teria a oportunidade de fazer mudanças antes que o livro fosse enviado para a impressão. Como chegar no desfecho de um processo tão pessoal e criativo? Stephenie admitiu posteriormente que nunca chega, na jornada de publicação de cada livro, ao ponto que acredita ser o fim do trabalho e que alcance seu estado perfeito, permitindo-a seguir em frente inteiramente satisfeita. "Quero frisar um ponto quanto ao ato de escrever", ela disse aos estudantes da Universidade do Estado do Arizona, em 2005. "Até hoje, se eu abrisse em qualquer página da história, provavelmente, poderia encontrar, no mínimo, umas cinco palavras que gostaria de mudar. Portanto, você nunca termina de verdade. Você apenas encontra um bom lugar no processo para prosseguir."

Tendo prosseguido, ela relaxou, já que o livro estava sendo impresso. Isso era fácil fazer, pois ela não fazia ideia do que estava por vir, quando o livro foi publicado. Suas esperanças, a essa altura, eram modestas para qualquer padrão, ainda mais para o de uma escritora que estava prestes a se tornar uma sensação internacional, campeã de vendas.

"Minhas expectativas eram de que, talvez, se eu fosse muito sortuda, um de meus livros chegariam à prateleira de uma livraria em algum lugar", ela disse. "Isso seria o suficiente para mim."

Verdade que ela nunca poderia imaginar tamanho alvoroço que seria gerado por causa de seu trabalho. Mas, mesmo assim, deve-se dizer que essas eram expectativas bem contidas.

Contudo, suas expectativas estavam para serem enormemente

superadas quando ouviu que não apenas possuía um contrato editorial, mas estava em operação um projeto para ser criado um longa-metragem baseado em sua obra. No início de 2004, o canal musical MTV e a produtora de filmes Maverick Films, que foi fundada por Madonna e Guy Oseary, em 2001, juntaram forças e negociaram pelos direitos de filmagem do roteiro de *Crepúsculo*. Seria o primeiro projeto em conjunto empreendido pela MTV e pela Maverick. O plano era lançar o filme por intermédio da empresa irmã da MTV, a Paramount Pictures. Isso era incrivelmente emocionante para Stephenie. Antes mesmo que seu livro chegasse às prateleiras, ela foi chamada para negociar os direitos para uma versão cinematográfica de seu livro. Dado seu amor pelo *rock*, o envolvimento planejado pela MTV deixou-a extremamente empolgada. Como veremos a seguir, o caminho de *Crepúsculo* para as telonas não foi tão fácil. Porém, naquele momento, ela foi se deleitar com a glória de ter um lucrativo contrato de três livros e também ter vendido os direitos cinematográficos de seu primeiro livro.

Portanto, qual era a história contida nas páginas de *Crepúsculo*? Stephenie resume sucintamente: "É basicamente sobre um vampiro que se apaixona por uma garota humana normal", diz. "E alguns dos problemas inerentes em namorar vampiros."

A história começa com Isabella (Bella) Swan mudando-se de Phoenix, Arizona, para Forks, em Washington, para morar com seu pai. Embora nervosa, ela prova ser popular na escola e acaba se interessando pela estranha família Cullen. Ela fica fascinada por um deles em particular – Edward. Sua beleza taciturna e ar misterioso fascinam-na. Ele demonstra poderes sobrenaturais, assim como quando a impede de ser atropelada no estacionamento do colégio. À medida que fica cada vez mais intrigada, ela conclui – seguindo uma conversa muito esclarecedora com um amigo da família chamado Jacob – que Edward e sua família são vampiros. Porém, Bella e Edward começam a se apaixonar rapidamente, e nada poderá impedi-los. Logo, seu relacionamento atrai a atenção de outro clã de vampiros, um que promete matar Bella. Num final espetacular, ela quase foi morta por um vampiro hostil, porém, acaba sendo salva por Edward. Ele a leva ao baile de formatura, onde ela estabelece a premissa da sequência ao anunciar o desejo dela em se tornar uma vampira.

No cerne do apelo da história reside o dilema que Edward e Bella encaram devido a seu status de vampiro: ele ama Bella, mas o cheiro de seu sangue é-lhe desejável, dada sua condição. "Bem, é o que gera a tensão", diz Stephenie. "É este aspecto adicional, que não se trata apenas de vida ou morte, porque meu coração irá se partir; é vida ou morte como se pudesse morrer nos próximos quinze minutos. Tendo a ser levada em direção à ficção com elementos fantasiosos somente pelo fato de que se pode pegar humanos normais e meio que empurrá-los para além daquilo que realmente lidamos no dia-a-dia. E então, ter pessoas que são monstros por definição que não querem ser monstros, e o conflito nisso, que faz com que existam coisas realmente interessantes para se trabalhar."

Interessante, de fato. No todo, provou ser uma história contagiante e estranhamente hipnótica. E estranhamente antiquada, também. Dada sua criação pouco convencional, sob as regras da fé mórmon e das regras rígidas de sua universidade, seria surpreendente se todas essas experiências não tivessem influenciado seu trabalho. Através da história, os personagens mostram grande moderação. Edward não morde Bella, e o resto da família Cullen luta constantemente contra suas necessidades vampirescas. Em vez de matar humanos, eles procuram animais para satisfazer sua sede de sangue. Edward e Bella também não cedem a seus impulsos sexuais. Hoje em dia, romances juvenis e adultos, frequentemente, desviam-se a territórios muito mais picantes que Stephenie permite em sua obra. Isto é devido à influência de sua religião. "Os temas mórmons frequentemente vêm à tona em *Crepúsculo*", ela concorda. "Liberdade de escolha é o que vejo nos Cullen. Os vampiros fazem suas próprias opções para ser alguém – esta é minha crença, a importância do livre-arbítrio para poder ser humano."

Stephenie também tem uma opinião formada em relação aos seus personagens. "Edward é muito perfeito para existir na realidade", ela disse. "Já conheci partes do Jacob em várias formas – ele é muito mais provável de existir na natureza. Muito mais humano e muito mais possível."

Sua inspiração para os personagens vieram de muitos lugares, incluindo seus queridos desenhos de *X-Men*. "Eu acho que realmente eles vieram à minha cabeça quando estava criando subconscientemente a família Cullen", ela diz quanto às conexões entre os *X-Men*. "Embora eu certamente não estivesse pensando no Ciclope enquanto estava escrevendo sobre eles, acho que estava lá nas camadas mais profundas do meu ser." Ela incluiu muitas lendas da tribo Quileute – que é um povo Americano Nativo. Ela se baseou em histórias reais. "Todas as lendas nos livros são parte de sua tradição, os lobisomens e tudo mais", comenta. "A única lenda que não é parte da tradição Quileute é aquela que planejei especificamente para encaixar os Cullen."

Fascinação – e na internet, as discussões fanáticas – cerca muitos aspectos do livro. Tendo intitulado o livro de *Crepúsculo* – após ter sido batizado temporariamente de *Forks* – Stephenie abriu um fórum de debate sobre o porquê de ter escolhido tal título. Para as edições estrangeiras, contudo, foi frequente ter recebido títulos completamente diferentes. Na Finlândia, foi chamada de *Tentação*, na França, *Fascinação* e na Alemanha, *Até o Amanhecer*. "Não está absolutamente perfeito; para ser sincera, não acho que exista algum título perfeito para este livro (ou se existir, nunca o ouvi)", ela escreveu em seu site pessoal. Porém, *Crepúsculo* não é simplesmente um título chamativo: é também um nome altamente adaptável para a história e seus temas. A palavra pode, de qualquer forma, referir-se a dois momentos distintos do dia: o início da noite e o início da manhã. É uma hora que não está escuro nem claro. A palavra é cheia de ambiguidades – um tema chave do livro. Mesmo o bem (luz) e o mal (escuridão) são permutáveis na história de Stephenie. "[É] tanto um momento do dia, quanto 'estar no crepúsculo da vida de alguém', o que, de certa forma, é como Bella está", disse a editora Megan Tingley.

Assim como alterar o título, as edições estrangeiras também

fizeram modificações na publicação. Por exemplo, no Japão, eles dividiram o livro em três pequenos volumes. O primeiro foi chamado "O Garoto que Amo é um Vampiro", o segundo é "Sangue tem gosto de Tristeza" e o terceiro "A Família Vampiro na Escuridão". Na Dinamarca, quebraram a história ao meio, para que o livro pudesse facilmente se esgueirar pelas caixas de correio dos clientes. O mesmo destino tomou a série *Harry Potter* nos países Escandinavos.

A capa de *Crepúsculo* é surpreendente e icônica. Contra um fundo negro profundo, estão duas mãos, segurando uma maçã vermelha. Os dois braços formam um "V", sugestivo para a palavra vampiro ao leitor observador. A maçã é madura, fresca e perfeitamente formada. "A maçã na capa de *Crepúsculo* representa 'o fruto proibido'", explica Stephenie. "Utilizei a inscrição do livro Gênesis (...), pois amei a frase 'o fruto do conhecimento do bem e do mal'. Não é precisamente com isso que Bella termina? Um conhecimento prático daquilo que é bom e daquilo que é mal? A vantagem da maçã é que ela possui diversas raízes simbólicas."

Dentre as raízes simbólicas que Stephenie tanto gosta, está a maçã que a Rainha prepara na história da Branca de Neve. Disfarçada, a Rainha oferece a fruta a Branca de Neve, a qual ao comer mergulha num estado de coma profundo. "Uma mordida e ficará petrificada para sempre, num estado de semimorte", maravilha-se Stephenie. Ela também adorava as histórias da Maçã Dourada, que aparece em inúmeros contos populares, mas notavelmente na mitologia grega. Neste gênero, a maçã é frequentemente a energia que reluz luxúria e problemas. "As maçãs são meio que um tipo de fruta versátil", ela escreveu. "Por fim, amo a bela simplicidade da figura [da capa]. Para mim, ela diz: escolha."

Para algumas das edições estrangeiras, no entanto, assim como "escolha", alguns também queriam um pouco de sangue. Por exemplo, o editor espanhol disse a Tingley, "adorei sua capa, e adoraria considerá-la uma linda obra de arte. Mas, para nosso público, [a capa] precisa ter sangue nela. Tem que ser óbvio."

Uma ironia interessante: em seu auge, tendo já assinado seu

contrato com a Little, Brown, e estando à luz da glória profissional, ela deu de cara com o tipo de resposta que a maioria dos escritores estão mais familiarizados – a dolorida rejeição. "Seja corajoso, mesmo quando recebe rejeições", ela avisa aos escritores em formação que visitam sua página pessoal na internet. "Todos os escritores de sucesso recebem rejeições."

Realmente, recebem – mesmo Stephenie. Ela recebeu uma rejeição escrita, de forma bem áspera, de outra editora, que não estava a par, enquanto redigia a rejeição, do contrato que Stephenie assinara com a Little, Brown. "A rejeição mais maldosa que recebi veio logo após eu ter fechado com a Little, Brown a publicação de três livros, então não me incomodou tanto", lembra. "Admito que cheguei a pensar em mandar uma cópia daquela rejeição para a *Publisher's Weekly* na época em que estavam fazendo uma matéria sobre o contrato que assinei, mas fui superior àquilo."

Ser superior àquilo incluía-se o início de seu trabalho na sequência de *Crepúsculo*. Isto aconteceu logo após terminar o livro de abertura daquilo que estava para se tornar uma saga – e aconteceu com demasiada naturalidade para Stephenie. "Vi-me escrevendo múltiplos epílogos – epílogos de mais de cem páginas", diz. "Rapidamente, dei-me conta de que não estava preparada para parar de escrever sobre Bella e Edward." O que estava extremamente correto, pois, como ela estava prestes a descobrir, o público leitor também não estava nem perto de começar a parar de ler sobre eles.

Crepúsculo foi publicado no outono de 2005. A primeira tiragem foi de 75.000 exemplares (para relacionar este número a um contexto, o primeiro livro de *Harry Potter* teve uma tiragem inicial de 1.000 – metade dos quais foi distribuída às bibliotecas). No mercado editorial havia um certo burburinho sobre o livro. Essa escritora desconhecida e iniciante tinha recebido um enorme adiantamento pelo título, e isso gerou uma fascinação no mundo dos negócios. A revista mais importante do mercado editorial, *Publisher's Weekly*, capitaneou a força dessa admiração com uma crítica apaixonada do livro.

"A atração principal aqui é a paixão de Bella por esse estranho Edward", dizia a reportagem, "o senso de perigo inerente em seu amor, e a luta interior de Edward – uma metáfora perfeita para a tensão sexual que acompanha a adolescência. Isto será familiar a praticamente todos os adolescentes, e manterá leitores virando loucamente cada página desse irresistível livro de estreia de Meyer." Era, de fato, um veredicto positivo para o livro, agradando muito Stephenie. Mas ela ainda esperava pela ampla mídia dar seus próprios veredictos a respeito de sua obra.

Hoje em dia, com tamanho reconhecimento adquirido, qualquer livro publicado por Stephenie é garantia de extensas avaliações críticas. No entanto, quando *Crepúsculo* chegou às prateleiras, não havia maneira de saber se alguém iria fazer alguma crítica sobre o livro, quanto mais o que escreveriam. Um dos primeiros periódicos, após o *Publisher's Weekly*, a divulgar algo foi o *School Library Journal.* "Meyer acrescenta uma misteriosa nova levada ao tema de amantes desventurados e que não se combinam: o predador se apaixona pela presa, a humana se apaixona pelo vampiro", escreveu o crítico da publicação. "O fator perigo do romance dispara, à medida que a excitação do amor secreto e do afeto silencioso vai se transformando em uma aterrorizante corrida para se manter vivo. Realista, sutil, sucinto e fácil de acompanhar, *Crepúsculo* terá leitores morrendo por cravar seus dentes nele."

Tão logo, foi escolhido pela Escolha do Editor do *New York Times* e como o Melhor Livro do Ano pela *Publisher's Weekly*, enquanto a *Teen People* o pôs em sua *Hot List*. O livro vinha, rapidamente, recebendo sinais de aceitação em alguns lugares importantes. Será que haveria um *verdadeiro* sentimento coletivo de excitação crescendo pelo livro de estreia de Stephenie?

Certamente que sim, pois, quando a mídia regional americana forneceu seus veredictos a seus leitores, eram todos cheios de positividade. Karyn Saemann do *Capital Times* escreveu, "*Crepúsculo* é uma atraente e bem escrita história, de tema jovem e adulto, que revolucionou os antigos clássicos de vampiros (...) Com exceções raras e de menor importância, nas quais o texto é interrompido por fundamentos de mitos vampirescos, esta é uma leitura rápida, emocionante e divertida que possui em seu imo uma inesperadamente terna história de amor. É uma excelente primeira tentativa de Meyer, e espero que não seja a última."

Mary Harris Russell do *Chicago Tribune* estava pronta também para dar sua opinião. "Imagine-se ter que assistir aulas numa vila nebulosa na Península Olímpica no estado de Washington, com seu pai não muito próximo, que é, nada mais, nada menos, o chefe de polícia", começa ela, antes da cartada final que agradaria seus leitores. "Não há muita luz do sol para esta antiga garota de Phoenix, Isabella Swan, porém há o garoto mais incrivelmente lindo, seu novo companheiro no laboratório de biologia. Nossa! Cheguei a mencionar que ele é um vampiro? Este vampiro, no entanto, é diferente, pois faz parte de um pequeno grupo que tenta viver de uma maneira diferente. Só não vou dizer como isso tudo se desenrola, mas você deve saber que este vampiro entende a importância de ir a um baile. O que mais se pode querer?"

Clay McNear, do *Phoenix New Times*, foi de especial interesse para Stephenie, já que era um jornal da região onde ela morava. Ele teceu o seguinte elogio: "Um excelente suspense sobre vampirismo e amor juvenil – o despreocupadamente sedutor livro de Meyer, voltado ao mercado juvenil e adulto, trata-se de uma garota que é feita de idiota por um cara misterioso e dentuço. Pense em *Dark Shadows*, porém mais leve." (*Dark Shadows* foi uma novela gótica que foi ao ar pela rede de televisão ABC nos anos 1960 e 1970, muito antes de a maioria dos fãs de *Crepúsculo* terem nascido.)

O que Merri Lingdren escreveria sobre o trabalho de Stephenie em sua crítica para o *Wisconsin State Journal*? "Começa como qualquer bom romance: a garota nova na cidade conhece um garoto lindo e a química entre eles gera faíscas", escreveu, empregando a já conhecida tática do "atraso", comum entre os críticos de livros, na qual eles retardam a revelação do elemento vampiro da história para efeito dramático. "Com o decorrer do livro, isso é tudo que a história de Isabella e Edward compartilha com uma saga colegial convencional (...) A intensa atração física mútua entre Edward e

Bella demonstra habilmente como menos pode ser mais, à medida que a autora invoca poderosas cenas sensuais, enquanto contém-se quanto às descrições explicitamente físicas."

Até aqui, a narração excêntrica de Stephenie estava sendo recebida e assimilada positivamente. Esta seria a fonte de certo alívio para ela, pois queria permanecer fiel à sua fé e princípios ao escrever uma história para adolescentes. Ao criar uma história sobre vampiros, já estava se arriscando a se alienar da SUD, então ela se sentiu gratificada por receber um selo de aprovação crítico pela ausência de elementos picantes no livro. Não que os críticos não tivessem consciência do choque que é inerente à história. Como disse o *Detroit Free Press*, "Chame-a de uma história de amor com uma mordida de verdade."

Dado seu volume físico, havia preocupações quanto à falta de vontade dos leitores jovens aterem-se a uma leitura tão longa. Os jovens, segundo a teoria, possuem um pequeno lapso de atenção e é incomum tornarem-se interessados num livro que tomará grande parte de seu tempo. Nesses tempos de jogos de computador, internet, mensagens de texto, a juventude é simplesmente desviada dos livros que requerem muito de seu tempo e de sua atenção. Havia uma justificativa para este ponto de vista. Na era digital, os lapsos de atenção das crianças são diferentes daqueles de seus equivalentes nos dias em que os livros eram uma das principais diversões dos jovens. Kellye Carter Crocker no *Des Moines Register* não teve tempo para tais preocupações. "Não se sinta desanimado pelo tamanho avantajado do livro; esse primeiro trabalho é uma deliciosa leitura rápida."

Cindy Dach, diretora de marketing da livraria *Changing Hands*, em Tempe, no Arizona, estava igualmente convencida que a extensão do livro – mais de 500 páginas em algumas edições – não atrapalharia os leitores, utilizando-se de sólidas evidências e razões. "Após *Harry Potter*, as crianças não mais temem grandes livros", disse. A lógica era clara.

Os elogios vinham sem parar. Stephenie é uma pessoa modesta e centrada que se considera, antes de qualquer coisa, uma mãe.

Ela teria que se segurar com todas as suas forças de modéstia para evitar ser levada pelo ego, de tanto que as pessoas a elogiavam.

Norah Piehl, escrevendo na TeenReaders.com, concluiu de *Crepúsculo*, "Stephenie Meyer certamente deixa sua própria impressão no gênero. Seus vampiros são misteriosos e encantadores, com poderes que, alternadamente, confirmam e contradizem os dizeres tradicionais sobre vampiros. Os dilemas românticos e o jeito desajeitado de Bella, além de sua carinhosa relação com os pais, dão-lhe profundidade de caráter e mantém a narrativa longe de se tornar muito sombria. Conquanto o livro seja longo, seu ritmo é contínuo e forte até o fim (...) *Crepúsculo* é uma mistura contagiante de romance e terror que irá seduzir fãs de ambos os gêneros."

Ilene Cooper, da *Booklist*, concluiu dos personagens principais de Stephenie que: "Seu amor é palpável, elevado por seus toques, e os adolescentes responderão visceralmente. Porém, existem algumas falhas – uma intriga que poderia ter sido condensada, um excesso de adjetivos e advérbios para preencher os diálogos – mas este romance obscuro penetra a alma. Na tradição de Anne Rice (...), este romance é contagiante."

Portanto, era esse um romance ou uma história de vampiros? Quando os livros chegaram às prateleiras, uma das maiores dúvidas foi exatamente sobre em quais prateleiras deveria ficar o livro de Stephenie. A Barnes & Noble colocou-o nas prateleiras de livros de Terror, enquanto que a Borders, inicialmente, planejou pô-lo entre os Romances Adultos. (Será que Stephenie, mais tarde, sutilmente estava se referindo a essa confusão quando escreveu em *Lua Nova* sobre a viagem de avião de Bella dos Estados Unidos à Itália, quando ela diz que não conseguia saber se o filme que passava durante o voo era de terror ou um romance?) Seja lá quais foram as prateleiras escolhidas para os livros serem postos, eles voavam para longe delas em números espetaculares e, logo, enraizava-se nas listas de *best-sellers* dos Estados Unidos.

Havia tanta agitação e aprovação na Inglaterra quanto em sua terra natal. Um dos mais antigos jornais do Reino Unido, *The Times*, deixou de lado a parte romântica da coisa quando escreveu que *Crepúsculo* captou "perfeitamente o sentimento adolescente de tensão e alienação sexuais". Seu rival, o *Daily Telegraph*, também estava encantado, com um tom de aprovação quanto ao comedimento de Stephenie nas cenas sangrentas. "Não que seja possível ver toda aquela confusão", escreveu Christopher Middleton. "Com destreza exemplar, Meyer incute quaisquer eventos sangrentos na imaginação do leitor, ao invés de escrevê-los. Da mesma forma, a relação entre Bella e Edward é cheia de desejo reprimido, mas com pouca chance de contato. Tudo isso e mais tornam o livro emocionante, mas nunca explícito, sendo ele perfeitamente adequado a pré-adolescentes."

As "Notas de Leitura" para o Clube do Livro do *Daily Telegraph*, porém, foram mais criteriosas em suas considerações. Foi comentada a falta de aparições de pais. "Sempre temos falado sobre isso, mas todos os livros para crianças parecem se livrar dos pais cada vez mais cedo. Aqui, Bella deixa sua mãe para trás para ficar com um pai que fica na sua, está sempre fora por causa do trabalho e é a melhor alternativa para um pai ausente, porque é um pai que não se intromete (sem contar o fato de, convenientemente, ter dado a ela um carro assim que chegou). Apesar de ser o chefe de polícia local, ele parece não se envolver com nenhuma ação do livro (você deve ter imaginado que as atividades de vampiros sugadores de sangue em seu território teriam chamado sua atenção!)."

Houve também algumas palavras bem ásperas vindas de uma menina de 13 anos chamada Rebecca Clephan, de Perth, na Escócia. Foi-lhe pedido para fazer uma crítica sobre o livro para o *Sunday Herald*. "*Crepúsculo* é um livro muito comum, sobre uma pessoa comum e possui um começo, meio e fim comuns", ela escreveu. "É o tipo de livro que interessa 100 por cento aos professores de inglês, mas apenas 30 por cento ao leitor adolescente." Palavras duras (e, incidentalmente, palavras que sugerem que a Senhorita Clephan – por todo seu veredicto pessimista – tem uma língua afiada o bastante para construir uma carreira como crítica no futuro). Ela conclui, "Ficava sempre esperando por algo acontecer e isso não é um bom sinal. Simplesmente, não gostei do livro."

Porém, estavam por vir palavras ainda mais árduas. Talvez Bidisha (uma escritora de nome único) do *Guardian* foi a mais rude. "O sucesso (...) é confuso, pois é o exemplo mais conservador de um determinado ambiente, jovial e adulto, de fantasia de subculturas vampirescas e lobisomens adolescentes. Os *best-sellers* do gênero, normalmente, despontam, pois escarnecem as normas sociais obsoletas, não as reforçam da forma que *Crepúsculo* o faz."

Apesar da previsão de que *Crepúsculo* seria um livro que os leitores adolescentes não iriam dar à mínima, acabou se tornando uma atração sólida para tal grupo etário. No entanto – e aqui foi quando o livro realmente começou a se tornar um sucesso, ele também era popular entre os leitores mais velhos. "Pessoas da faixa dos seus trinta, como eu, escreveram-me e disseram-me que não conseguiam parar de ler", Meyer disse. Até certo ponto, isto era surpreendente para ela: "não me dei conta de que os livros atrairiam grupos de pessoas tão diferentes."

Lisa Hansen, uma mulher de 36 anos, de Utah, é um bom exemplo de uma pessoa mais velha viciada em *Crepúsculo*. "Pensei que fosse a única mulher no mundo que teria minha idade e estava obcecada com os livros", ela disse à CNN. Então ela criou um site chamado *Twilight Moms* (Mães do Crepúsculo), ao qual diversos fãs de *Crepúsculo* "de certa idade" reuniam-se. "O estigma dele ser um livro para adolescentes era o maior problema", disse Hansen. "Todos se sentiam da mesma maneira que eu, tipo, 'O que há de errado comigo? Por que estou tão obcecada por esta coisa adolescente?'"

Hansen não estava sozinha. "Muitas de nós [fãs] estão alegremente casadas e com filhos, alguns, até mesmo, da idade dos personagens masculinos de *Crepúsculo*. Algumas delas referem-se a elas mesmas, em tom de brincadeira, como "cougars" por causa disso. Mas é uma forma bem humorada de dizer que sabemos que somos velhas o bastante para ser mãe do Robert Pattinson [o ator de Edward], [mas] ainda assim o achamos atraente", disse Patricia Kopicki, 49.

Porém, algumas fãs levam a devoção a um nível ainda mais explícito. Há um blog dedicado ao *Crepúsculo*, no qual fãs mulheres mais velhas discutem, nos mínimos detalhes, o que cada uma gostaria de fazer com os personagens masculinos dos livros de Stephenie. "Adoramos falar sobre como é sexy o Rob Pattinson e o que faríamos se conseguíssemos chegar mais perto", disse a administradora do blog. "Alimentamos a imaginação umas das outras – podemos ser atrevidas, tolas, meio bobalhonas com relação a isso. Ninguém é julgado por ser casada e dizer, 'Tenho 54 anos e acho este garoto de 23 anos absolutamente delicioso.'"

Toda essa obscenidade vai contra o estilo puritano que Stephenie prefere seguir em questões de cunho sexual, em seus livros. Por isso mesmo, eles claramente criaram um elo emocional com suas fãs mais maduras, para as quais possui um atrativo todo especial – e muito bem vindo. "É como se seus sentimentos antigos estivessem se reacendendo, pois quando você casa, tem filhos, corre para lá e para cá por causa do futebol, basquete, ou qualquer outro jogo, [possui] trabalho, contas para pagar (...) o relacionamento acaba sendo deixado de lado", explicou Kopicki, que é mãe de dois adolescentes. "Seu marido pode não parecer exatamente como Edward, mas assim como os homens têm fantasias, as mulheres também têm, e precisam ser capazes de expressá-las", completa. "Um livro como *Crepúsculo* trouxe isso à tona."

Em diferentes grupos etários e gêneros, *Crepúsculo* acionou botões. Um feito e tanto para Stephenie ter alcançado, sendo ela uma escritora de primeira viagem. Embora ela tenha, algumas vezes, reclamado que achou confuso o fato de ter agradado a tanta gente, Stephenie, por fim, entendeu o porquê disto estar acontecendo. "Acho que muito disso é porque Bella é uma garota simples, comum. Ela não é uma heroína e, nem mesmo, sabe a diferença entre Prada e qualquer outra coisa que seja. Ela nem sempre tem de ser legal, ou usar sempre as roupas mais descoladas. Ela é normal. E não existem muitas garotas na literatura que sejam normais. Outra coisa é que Bella é uma boa moça, o que é exatamente como imagino os adolescentes, pois assim foram meus tempos como tal."

Bella é a narradora da história e – sem contar uma seção de *Amanhecer* – da série inteira. Nunca foi um problema para

Stephenie ter feito isso. "Foi, para mim, uma coisa muito natural ter escrito a partir de uma perspectiva feminina", insiste ela. "Porque não ficava pensando em que estava fazendo. Não pensava, 'Nossa! Quero promover a força da mulher.' Tudo isso era só para mim. Era, simplesmente, uma coisa natural mesmo, e fico contente que esteja nas mãos de uma mulher, pois penso que as coisas são vistas de maneira diferente.

"Fico feliz também que é crescente a quantidade de fãs homens, pois nós mulheres crescemos lendo livros escolares, todos escritos por homens. Somos obrigados a lê-los, entendendo, assim, a perspectiva masculina muito bem. Mas os garotos nem sempre têm de ler livros escritos por garotas ou ver filmes a partir deste ponto de vista, e penso que é muito bom para a comunicação ter esse intercâmbio de ideias."

Interessante, Stephenie quase falando como uma feminista. Muitos fãs de *Crepúsculo* discutiram com fervor se Bella pode ser considerada uma heroína feminista. Proponentes desta visão apontam para a natureza independente e firme dela e seu amor por livros, tais como *O Morro dos Ventos Uivantes*. Ela escreve um ensaio em sua aula de inglês, discutindo se Shakespeare era ou não misógino. Outros, porém, rebatem que sua inquestionável devoção por Edward – que, regularmente, adentra, através da janela, em seu quarto à noite, enquanto ela dorme – está longe de um exemplo feminista. "Não consigo imaginar nada sobre mim que possa, de alguma forma, ser interessante para ele", diz ela.

Há, também, momentos em que são retratadas visões antiquadas de divisão de gênero, tal como quando ela comenta que "precisaria ter o cromossomo Y" para entender a graça que há em motocicletas. Bella nem mesmo tem muitas relações de qualquer tipo com outras pessoas, a não ser com Edward – nada daquilo que tanto inspira o espírito da mulher moderna.

Contudo, escrevendo em sua página na internet, Stephenie deu um basta nesta controvérsia. "Em minha opinião (palavra-chave), o fundamento do feminismo é este: ser capaz de escolher", escreve. Aparentemente em rejeição à acusação da questão motocicleta/

cromossomo Y, ela acrescenta, "A base do antifeminismo é, opostamente, dizer a uma mulher que ela não pode fazer algo apenas por ser uma mulher – tirando-lhe qualquer chance de escolha, especificamente, por causa de seu sexo."

Esquentando seu tema, ela continua, "Uma das coisas estranhas a respeito do feminismo é que algumas feministas parecem por seus próprios limites nas escolhas das mulheres. Parece-me um retrocesso. É como se não pudesse escolher uma família sob seus próprios termos e, ainda assim, ser considerada uma mulher forte. Como isso é fortalecedor? Existem regras sobre se, quando ou como amamos e/ou casamos e se, quando ou como temos filhos? Existem trabalhos que podemos ou não ter devido ao fato de ser uma 'verdadeira' feminista? Para mim, tais limitações parecem antifeministas desde seus princípios básicos."

Como Bidisha escreveu no *Independent* ao avaliar toda a série de quatro livros, "O problema – e não há maneira mais diplomática de dizer isso – é que ele é chocantemente, deselegantemente e asquerosamente machista. Fraca, inerte, propensa a desabar, chorar e desmaiar, Bella Swan vive para servir aos homens e sofrer. Quando não está cozinhando e limpando a casa para seu pai, fica embasbacada com gratidão sempre que Edward a salva de qualquer perigo e fica melosamente queixosa quando ele é bruto – o que acontece todo tempo. Edward persegue Bella para seu próprio bem, diz ele, perambulando por sua casa enquanto está adormecida e toma decisões por ela. A série continua com a escravidão de Bella por um morto vivo cretino, enquanto o carinhoso personagem de Jacob Black, seu melhor amigo lobisomem, aguarda esperançosamente nas beiradas. É deprimente ler sobre uma jovem mulher que é tratada como lixo pelos quatro livros, ainda assim, reverenciando fielmente Edward por causa de seu, hilariamente piegas, 'rosto perfeito'."

Stephenie aceita pacientemente todas as críticas, sabendo que, ao publicar histórias populares tão poderosas, tem de aceitar que as pessoas terão interpretações diferentes. No papel de uma leitora apaixonada e mulher de opinião, ela não pode proibir que outros tenham suas próprias impressões de seu trabalho. Porém, ela, sim, defende seu herói, Edward, contra aqueles que o atacam ou questionam-no, argumentando que ele reflete nobres qualidades humanas que ainda não estão mortas.

"A ideia de um homem ser um cavalheiro saiu de moda", diz. "É visto como charme antiquado. As pessoas não percebem o fato de que ninguém mais é atencioso. Edward faz de tudo para que nada de ruim aconteça com Bella, ela é muito bem cuidada. Muito do teor do livro trata-se de ser amada com tamanho ardor. Há muitas críticas masculinas ao personagem Edward. Os homens são ciumentos, pois não querem se esforçar tanto assim."

É um ponto vital para ela, não apenas quanto à história, mas quanto ao mundo real. "A mídia gosta de nos dizer que os garotos não conseguem se segurar, que existe um ímpeto sexual inerente a eles que faz com que não possam evitar seus impulsos, mas há uma porção de grandes homens lá fora que tomam decisões baseadas em padrões morais. Eles fazem a coisa certa. Homens como Edward existem, sim." Quanto às acusações de que suas histórias são misóginas, ela diz, "Não sou antimulheres: sou anti-humana."

Normalmente, um escritor estreante tem apenas deveres promocionais modestos para cumprir em função de seu livro. Ninguém sabe quem é o autor, portanto sua presença, em tais eventos, não é automaticamente requerida. Com *Crepúsculo* se tornando um sucesso tão rapidamente, Stephenie foi lançada à trajetória promocional quase que imediatamente. Ela era uma escritora estreante encarando as exigências com as quais apenas os mais experientes, geralmente, têm de lidar. Ela teria que aprender às pressas a rotina de entrevistas à imprensa, sessões de autógrafo, leituras públicas e outros eventos. Uma coisa que a impressionou em alguns destes eventos, era, exatamente, quão rapidamente ela criara grupos de fãs tão dedicados. Ela conheceria seus fãs mais obcecados pessoalmente e ouviria toda hora quanto eles gostaram e se conectaram com as histórias e seus personagens. Como era emocionante ver, em primeira mão, suas expressões intensas e suas declarações de devoção aos personagens de Stephenie! Para ela, também, era sempre os personagens que significavam mais, então testemunhar as conexões das pessoas com eles era um indicador acolhedor, de fato.

Dito isso, os primeiros eventos foram, às vezes, apenas assistidos por um número modesto de pessoas. Por exemplo, em novembro de 2005, ela viajou a Mequon, em Wisconsin, para uma visita à livraria *Harry W Schwartz*, na Rodovia North Port Washington. Ao seu lado, estava a diretora de publicidade para o livro, Elizabeth Eulberg. Por volta de uma dúzia de pessoas apareceram, três delas faziam parte do público chave de *Crepúsculo*: garotos adolescentes. Stephenie fez um discurso ao público, então abriu a discussão em formato Perguntas e Respostas. Finalmente, autografou cópias de *Crepúsculo* para aqueles que estavam ali. Alguns trouxeram cópias extras para serem assinadas. Até ali, era uma sessão normal de lançamento do livro, muito do que acontece em livrarias ao redor do mundo, na maioria das noites do ano. Contudo, após o evento ter terminado e Stephenie ter cumprido todas as suas tarefas, ela ficou mais um bom tempo conversando com seus fãs. Foi ali que seu jeito simples e sua natureza humilde começaram a brilhar.

Stephenie permaneceu por cerca de uma hora falando com os fãs. Bateu papo com eles, respondeu às suas perguntas e ouvia elogios empolgados. Eulberg tirou algumas fotos de Stephenie com seus fãs e então ela, finalmente, partiu para a longa jornada de carro para casa. Porém, Stephenie manteve contato com seus fãs por e-mail, até mesmo, mandando a um deles a fotografia que havia sido tirada naquela noite. Ela se comunicou com eles por meses após o evento, demonstrando vontade de conversar e se envolver com seus fãs, o que é raramente visto nos escritores. Estes fãs, logo, puderam saber das últimas notícias sobre a carreira de Stephenie diretamente de sua boca. "Amanhã, estarei totalmente entregue escrevendo *Lua Nova*", ela escreveu em uma mensagem. "Então, deixe-o ser escrito, deixe-o ser concluído!"

O trabalho estava fluindo de vento em popa na sequência

de *Crepúsculo*, e Stephenie não o anunciava formalmente, mas falava a seus fãs sobre ele – diretamente. Ela estava se tornando o equivalente, entre os escritores, da banda inglesa independente *Arctic Monkeys*, que usava o site de relacionamento *MySpace* para se promover, cortando os meios mais tradicionais e formais de divulgação, e os fãs correspondiam.

Realmente, ela estava genuinamente maravilhada pelas distâncias que os fãs percorriam apenas para conhecê-la. "Uma fã mais entusiasta dirigiu de Long Beach, na Califórnia, para me ver em uma sessão de autógrafos em Phoenix, no Arizona; são mais ou menos seis horas de carro. Não apenas dirigiu, mas também me trouxe uma boneca gigante da Hello Kitty e, tendo lido sobre minhas obsessões em meu site, um CD de gravações Lado B de minha banda favorita. Aquele CD é uma das minhas posses mais valiosas."

Sua postura democrática, tipo mulher do povo, é admirável, sem sombra de dúvida. Muitos escritores embrenham-se em torres de marfim e/ou deixam tudo para trás uma vez que os fãs surgem em seu caminho. É preciso dar valor a Stephenie por ter permanecido e permanecer acessível o máximo que lhe é possível e apropriado. Ainda mais quando descobrimos que ela sofreu fortes ataques de pânico antes de suas primeiras aparições em público. "Naquela primeira turnê, quando tive que ir a eventos em escolas, vomitava antes de todos eles. Ficava com tanto medo – estava horrorizada com tudo que teria que fazer", ela lembra.

Também permaneceu acessível via internet. Quando uma fã escreveu uma parte fictícia do ponto de vista de Edward Cullen e começou a publicá-la na rede, ela ficou chocada de receber um *feedback* da própria Stephenie. Com o *feedback* veio uma oferta de Stephenie para responder a questões, se a fã tivesse alguma. "Bom – Dã! Claro que eu tinha perguntas!" lembrou a fã, que achou que Stephenie respondeu generosamente. "Basicamente, a partir dali, se eu perguntasse, ela respondia aquilo e mais um pouco. Frequentemente, ela respondia perguntas que eu nem mesmo havia perguntado. Parecia que ela queria muito mandar estas informações para os seus fãs."

Aquela troca de informações, com o tempo, levou à criação do site *Twilight Lexicon* (Léxico do Crepúsculo). Este se tornou uma formidável presença na rede, refletindo a incrível força e influência da capacidade literária de Stephenie.

A história provou-se, estranhamente, quase hipnoticamente, ser poderosa – apesar do fato de ter sido criticada em termos técnicos por muitos, inclusive pela própria Stephenie.

Então, sobre o que se tratava seu livro de vampiros – inspirado por um sonho – que tanto gerou esse elo emocional com seu público leitor?

Capítulo Quatro

O EFEITO VAMPIRO

COMEÇAR UM LIVRO A PARTIR DE UM SONHO não é uma experiência tão incomum para um escritor. Acredita-se que o clássico de Mary Shelley, *Frankenstein, ou o Moderno Prometeu*, foi inspirado dessa forma. Existem duas lendas atribuídas à criação daquele livro. De acordo com a primeira, em 1815, Mary Shelley sofria profundamente após seu bebê recém-nascido ter morrido, antes mesmo de completar um mês de vida. Logo após sua perda, teve um sonho muito claro em que seu filho voltara à vida. Ela anotou o sonho em seu diário, em 19 de março de 1815, escrevendo que "ele apenas estava frio e que esfregamo-lo ante o fogo, assim, sobrevivendo". A partir deste sonho, é dito que ela primeiramente teve a ideia de uma equipe médica criando um ser, dando-lhe vida.

A outra história diz que no ano seguinte, tendo ela passado um feriado na região do Lago Genebra, Shelley teve um perturbador "sonho acordada" após Lord Byron tê-la encorajado a escrever uma história de fantasmas. Mais tarde, ela revelou, "Vi o profano estudante com sua pele pálida, ajoelhando-se perante a coisa que ele acabara de criar. Vi o horrendo fantasma de um homem estendido, e então, sob a influência de alguns motores poderosos, mostrou sinais de vida, agitando-se de maneira inquieta, com movimentação meio-vital. Tenebroso deve sê-lo; pois incrivelmente amedrontador seria o efeito de qualquer empreitada humana para se fazer passar pelo estupendo Criador do mundo."

Stephenie seria tão afetada quanto Shelley pelo que havia presenciado em seu sono, dois séculos mais tarde.

Enquanto isso, mais tarde no século XIX, outro romance que foi destinado ao status de clássico, resultou do sonho de um escritor. O escocês Robert Louis Stevenson estava dormindo, no outono de 1885, quando algumas cenas vieram à sua imaginação. Talvez ele tivesse sonhado com mais cenas, se sua mulher não tivesse interrompido seu sono.

"Nas primeiras horas da manhã", disse a Sra. Stevenson, "Fui acordada por gritos de horror de Louis. Pensando que ele estivesse tendo um pesadelo, acordei-o. Ele então disse irritado, 'Por que me acordou? Estava sonhando com uma ótima história de horror.' Acordei-o na primeira cena de transformação..."

Não obstante, ele sonhou o bastante para inspirá-lo e começar a escrever uma nova história sobre um tema que o fascinava há muito tempo. "Há muito que venho tentando escrever uma história no sentido intenso de uma dupla existência de um homem", disse. "Por dois dias, quebrei a cabeça por uma intriga de qualquer tipo; e na segunda noite sonhei com a cena da janela e uma cena posteriormente dividida em dois, na qual Hyde, perseguido por algum crime, tomou o pó e submeteu-se à transformação na presença de seus perseguidores."

O resultado foi *O Estranho caso do Dr. Jekyll e o Sr. Hyde*, um romance amplamente bem sucedido e influente que continua a ser popular até os dias de hoje.

Muitos outros escritores dizem que são frequentemente inspirados por sonhos, incluindo o escritor de histórias de terror (e crítico de Stephenie) Stephen King. Jacquelyn Mitchard, autora de *Nas Profundezas do Mar Sem Fim* – um romance sobre uma mãe cujo filho de três anos é sequestrado – foi também arrebatada por este tipo de experiência. "Sonhei com a história cerca de três anos atrás.

Durante um ano após aquilo, não fiz nada além de escrever algumas notas sobre o sonho. Nunca havia escrito um romance antes, mas o sonho era claro e impressionante. E não sou uma grande sonhadora, no sentido comum da coisa."

Samuel Coleridge compôs seu poema "Kubla Khan" enquanto estava num estado onírico gerado por ópio. Extremamente influente, porém, foi o efeito da empreitada de Shelley em transformar seu sonho (ou o sonho anterior, ou uma combinação dos dois) em uma história fictícia. Da mesma maneira que Stephenie, Shelley começou a escrever, experimentalmente, a história resultante. Ela achou que seria, no máximo, um conto. No entanto, transformou-se em um romance, o qual atraiu a imaginação do público num tempo em que cientistas discutiam a possibilidade de trazer cadáveres de volta à vida por intermédio da eletricidade. Nos anos 1820, a história foi adaptada para os palcos. Desde então, ela tem sido exibida na forma de desenhos animados, cinemas e teatros até os dias atuais. É verdade que foi mal-compreendida em alguns momentos e muitos acreditam que o monstro – em vez de seu criador – seja o Frankenstein da história. Igualmente, a imagem que alguns têm do monstro como inerentemente mal é incorreta. Apesar disso, sua influência é indubitável.

Assim como a influência e presença do personagem escolhido por Stephenie – o vampiro – na cultura predominante. Por séculos, o vampiro tem sido uma figura imensamente popular, espalhando sua influência desde a poesia até livros, filmes, televisão e tiras de humor. Também faz sucesso nas artes plásticas, teatro e música. Com Stephenie dando ao vampiro um renascimento tanto nas páginas escritas quanto nas telas, o público não mostra absolutamente nenhum sinal de estar se cansando deste gênero.

Mas o que está por trás de nossa fascinação com vampiros? De onde terá vindo isso, e o que isso diz a nosso respeito? A própria Stephenie, estranhamente, diz não ser uma perita para responder a tal questão. "Nunca entendi por que as pessoas são obcecadas por vampiros, sabe?" ela disse. "E conheço muitas pessoas que são. Estou surpresa, na verdade, agora que sei quantas pessoas mais são, e o fato de que escreveria sobre eles foi tão absurdo e improvável que ninguém que me conhecia acreditou nisso por um bom tempo."

Como veremos mais a frente, ela não deixa de ter uma teoria, mas primeiro vamos traçar a história da fascinação do público por vampiros e ruminar sobre algumas das principais teorias para a sua popularidade.

O primeiro vampiro a pegar o público pelo cangote, e o mais infame até hoje, é o Drácula, personagem principal de um romance escrito por Bram Stoker em 1897. O livro é composto por uma série de cartas e citações de diário, junto a eventuais recortes de jornais fictícios. O protagonista da história é o Conde Drácula, um vampiro que habita um sombrio castelo na, agora lendária, Transilvânia. Com um ar aristocrático, ele ilude facilmente as pessoas e se torna, talvez, o maior predador da história literária.

À medida que o enredo se desenrola, ele aprisiona um advogado inglês em seu castelo e atormenta o povo da Inglaterra. Um navio sem tripulação é destruído, marcas de mordidas aparecem no pescoço de uma mulher e muito mais, até que uma equipe é formada para tentar contra-atacar sua ameaça, chegando a uma fabulosa conclusão. Ele é rastreado até seu castelo e encurralado pela equipe, que o ataca com facas, deixando-o desintegrar até as cinzas, provendo um fim dramático a uma história atraente.

Muitos dos leitores da Inglaterra Vitoriana apreciaram demasiadamente o romance quando este veio ao público, recebendo, também, comentários favoráveis dos críticos. O *Daily Mail* escreveu, "Ao buscar um paralelo para esta história estranha, poderosa e amedrontadora, nossa mente volta-se a contos como *Os Mistérios de Udolpho, Frankenstein, A Queda da Casa de Usher* (...), mas *Drácula* é ainda mais aterrorizante em sua sombria fascinação que qualquer outro desses."

Foi também muito bem recebido nos Estados Unidos, onde foi publicado dois anos depois. No entanto, não foi nada comparado ao século seguinte em que o personagem de Drácula, verdadeiramente, cravou suas presas na consciência cultural do público quando a história foi levada a um novo patamar. Em 1924, Hamilton Deane recebeu a permissão da mulher de Stoker para adaptar o romance para os palcos. E três anos depois a versão foi revisada por John L. Balderston, que fez uma turnê pelo Reino Unido e, finalmente, ficou em cartaz em Londres por um período prolongado. Foi então levado à América e encenado na lendária Broadway, em Nova York, onde a platéia ficou aterrorizada e, ao mesmo tempo, deleitada. Bela Lugosi interpretou o papel principal de maneira memorável. A produção ganhou diversos prêmios, mas seu maior legado foi para o cinema.

Em 1931 a versão cinematográfica da história do Drácula chegou às telas. Num filme dirigido por Tod Browning, Lugosi foi escolhido para o papel principal mais uma vez, mas não antes dos produtores do filme terem procurado muito por outra pessoa para assumir o papel. Curiosamente, a cena em que o Drácula ataca um homem foi censurada pelo receio de que isso implicaria um contexto homossexual ao personagem. "O Drácula deve apenas atacar mulheres", lia-se um memorando entregue ao diretor pelo estúdio. As tendências sexuais da história foram, segundo informações, refletidas na vida real. Alguns acham que Bram Stoker sofreu de sífilis. Isto não é mencionado aqui levianamente: como veremos, alguns comentaristas especularam que aquele fato foi importante na criação do personagem.

Estreou em 21 de fevereiro de 1931, no Teatro Roxy, em Nova York. Lugosi foi perfeito para o papel, com um estilo refinado de reproduzir suas falas lentamente e um rosto tão pálido que complementava a percepção que esta era uma manifestação real de um vampiro mortovivo. "Eu... nunca... bebo... vinho", dizia ele dando calafrios. Realmente, de tão amedrontada que ficou a plateia, algumas das cenas mais assustadoras foram cortadas e, após o filme, havia uma breve mensagem para tranquilizar os espectadores (isso também aconteceu no filme *Frankenstein* anteriormente). Os cortes no filme não alteraram em nada a sua popularidade e, quando começaram as primeiras exibições, a imprensa anunciou que alguns membros da plateia desmaiaram de choque devido à história assustadora. As pessoas se amontoavam nos cinemas para assistir ao filme que inspirava o alvorecer do gênero de terror na indústria cinematográfica. E tudo isso havia começado com o romance de Stoker, embora, para ser bem preciso, não tenha sido o primeiro exemplo de vampirismo na literatura.

Curiosamente, durante a viagem ao Lago Genebra, feita em 1816 por Mary Shelley, a qual a inspirou a escrever *Frankenstein*, outros colegas que ali estavam descansando também foram inspirados, dando luz a mais dois trabalhos. John William Polidori escreveu uma pequena história chamada *O Vampiro*, a qual é amplamente divulgada como o pontapé inicial para o gênero vampiresco na literatura. O acadêmico de cultura popular Sir Christopher Frayling descreveu o conto como "a primeira história bem sucedida a fundir os elementos discrepantes do vampirismo em um gênero literário coerente". Dito isso, houve um poema publicado em 1773 que tocou no assunto do vampirismo.

A história de Polidori trata-se de um jovem rapaz inglês que se torna envolvido pela vida de um personagem sombrio chamado Lord Ruthven, que é, por sinal, um vampiro. A história é concluída com Ruthven se casando e, então, matando a irmã do jovem inglês. Esta é a primeira aparição significante já registrada de um vampiro num livro fictício, e sua influência foi rapidamente e entusiasticamente sentida no mundo literário. Imagina-se que o personagem de Ruthven foi inspirado em Lord Byron, o qual também estava presente naquela viagem ao Lago Genebra e que escreveu sua própria história de terror no decorrer da jornada. A história, mais tarde publicada sob o título de *Fragmento de um Romance*, nunca foi concluída por Byron, mas muitos acreditam que ele tencionava introduzir personagens e temas de vampiros à história antes de sua própria morte furtar-lhe a oportunidade de finalizar seu trabalho.

Apesar disso, a fascinação continuaria. Nos meados do século XIX, mais livros sobre vampiros apareceram nas prateleiras das livrarias. James Malcolm Rymer escreveu uma série de romances de terror na forma de "libretos baratos", que custavam um centavo a unidade, e apresentavam uma série de histórias lívidas de horror. Foram, primeiramente, direcionados aos leitores adolescentes. As histórias de Rymer faziam parte da série *Varney The Vampire or The Feast of Blood* (Varney O Vampiro ou A Festa do Sangue). O personagem titular, Varney, determinou o protótipo para a representação do vampiro em romances. Ele possuía presas, mordia suas vítimas no pescoço, e tinha poderes hipnóticos e sobrenaturais. Varney, igualmente, entrou por uma janela para confrontar uma vítima mulher, uma versão modificada do que ocorre no transcorrer da série *Crepúsculo*, quando Edward regularmente visita Bella, entrando pela janela de seu quarto à noite. Varney talvez tenha sido também o primeiro personagem vampiro "relutante". Sua influência foi imensa, até mesmo sendo lembrado na série de Quadrinhos da Marvel, na qual seus criadores nomearam seu primeiro personagem vampiro de "Varnae" em homenagem ao personagem de Rymer.

Em 1872, o primeiro romance erótico de vampiro foi lançado. O escritor irlandês, John Sheridan Le Fanu, escreveu *Carmilla*, o conto de uma jovem moça que atrai a atenção de uma vampira. Esse não era muito o tipo de história que atrairia Stephenie. A heroína principal podia cruzar paredes e dormia num caixão. A natureza lésbica da história não foi explícita, mas era bem clara à maioria dos leitores mais astutos.

Parte da história, alguns acham que foi baseada num ensaio do século XVIII, escrito por Antoine Augustin Calmet, um monge que escreveu sobre a possibilidade da existência real de vampiros. Em consequência, a influência de *Carmilla* foi vista intensamente no romance *Drácula*, que, como já vimos, rapidamente tornou-se o trabalho mais importante sobre vampiros. O livro tinha tamanho sucesso e autoridade que, de certa forma, traçou as primeiras linhas para o desenvolvimento do gênero. Alguns autores tentaram criar algo de novo para o personagem, mas parecia que o vampiro seria extinto da cena literária mundial. Porém, em pleno século XX, novas ideias começaram a ser introduzidas na ficção vampiresca. Uma segunda era de ouro da literatura sugadora de sangue estava pronta para cravar suas presas na consciência do grande público.

O romance indicador desta nova era do vampiro, agora relacionado à ficção científica, surgiu em 1954 com *Eu Sou a Lenda*, do escritor americano Richard Matheson. A história é conhecida por leitores modernos pela adaptação às telas (uma das muitas) com Will

Smith. Contudo, começou sua saga como um romance, no qual um mundo pós-apocalíptico foi praticamente destruído por uma doença que inclui elementos vampirescos. A ideia de vampiros serem a consequência de experimentos científicos ainda era nova a essa altura, e a história de Matheson foi um elemento chave ao iniciar esta tendência, atualmente, familiar.

Logo em seguida veio *Doctors Wear Scarlet*, em 1960, no qual o vampirismo está estabelecido na Grécia, ao invés da Transilvânia. Nos anos 1970, Stephen King uniu-se à tendência vampiresca quando publicou *A Hora do Vampiro*. Em sua história, vampiros tomam conta de uma cidade no Maine, deixando traços de destruição. Foi influenciado pelo marco vampiresco, o Drácula.

"Uma noite, durante o jantar, pensei alto sobre o que aconteceria se o Drácula voltasse, no século XX, à América", lembrou King. Mais tarde, completou, "Comecei a meditar sobre a ideia dentro de mim, e ela começou a se materializar em um possível romance. Pensei que seria um dos bons, se eu pudesse criar uma cidade fictícia, com uma realidade prosaica o bastante sobre ela, para contrabalançar a ameaça de um bando de vampiros dos quadrinhos."

A influência de King pode ser vista no trabalho de George R. R. Martin, que escreveu *Fevre Dream*, que se trata de um vampirismo em alto-mar. Então, em 1976, Anne Rice começou a publicar uma série de livros conhecidos como *As Crônicas do Vampiro*, as quais ecoavam alguns temas eróticos que vimos em *Carmilla*. Esses trabalhos tornaram-se extremamente populares e influentes: uma cópia original de um dos livros de Rice, recentemente, foi vendida por £750 pela Internet. (Devemos recapitular, porém, que esta quantia é minimizada pelas somas que passam de uma mão para outra por cópias originais do *Drácula*. O romance de Stoker soma, confortavelmente, quantias de cinco dígitos pelas edições originais.) Como veremos, a influência mais fortemente sentida pela série de Rice foi vista nas telonas duas décadas mais tarde.

Sherrilyn Kenyon é uma autora mais recente que acabou se tornando a bola da vez. Sua série vampiresca *Dark-Hunter* começou a se tornar enormemente popular. Faziam parte dela guerreiros imortais que combatiam em benefício de uma deusa grega que lutava contra inimigos sinistros, principalmente vampiros. Ela criou um fiel séquito internacional e seus fãs são, no mínimo, extremamente comprometidos. Convenções de fãs em prol dos trabalhos de Kenyon são imensas e pavimentaram a estrada para o tipo de fanatismo histérico que vimos eclodir ao redor de Stephenie Meyer, mais recentemente.

Logo após Kenyon ter começado a ver seu trabalho deslanchar, livros de vampiros mais românticos começaram a alcançar as listas de *best-sellers*. Christine Feehan lidou com os vampiros pela via mais romântica em sua "série sombria" de livros, a qual teve início com o *Dark Prince*, em 1999. *Anita Blake: Caçadora de Vampiros*, escrito por Laurell K. Hamilton, também foi baseado em vampiros. Temos também histórias de vampiro para o público feminino em *The Moth Diaries*, de Rachel Klein.

No entanto, as coisas estavam tendendo, dramaticamente, à direção oposta quando Stephenie pôs-se a escrever no século seguinte. A política frequentemente era inserida nas veias das histórias de vampiro. *Fangland* é uma amostra feita após o 11/9 sobre o tema *Drácula* e *Sugadores*, por Anne Billson – finalizada com uma vívida cena de menstruação – e foi elogiada como uma sátira sobre a ganância proeminente da era yuppie dos anos 1980.

Desde os anos 1930, o personagem do Drácula tornou-se um ícone na cultura popular e temperou a trilha cinematográfica que as adaptações dos livros de Stephenie agora dominam. Mais de 200 filmes já foram gravados com o Conde Drácula sendo um dos personagens, e centenas mais, fazendo referência a ele. Enquanto isso, milhares de outros trabalhos culturais foram feitos com o tema Drácula, incluindo romances, desenhos, espetáculos de dança, séries de televisão e músicas. Jogos de computador também o têm como parte integrante.

Existem até feriados baseados no Drácula, em lugares como Irlanda, Inglaterra e Romênia. Em consequência desta tendência, o Drácula tornou-se um personagem cultural tão familiar quanto o grande detetive Sherlock Holmes. Ele é o personagem que pôs o vampiro não apenas *no* mapa cultural, mas bem no centro dele. Porém, não foi o sujeito do primeiro filme de vampiro já feito. Nos idos de 1909, um filme mudo chamado *Vampire of the Coast* foi lançado e, em 1922, *Nosferatu* foi às telas. Esta foi uma levemente velada e não-autorizada adaptação do livro de Stoker. Mas foi apenas com a aurora do filme oficial do *Drácula* que o personagem – e com ele, o vampiro – verdadeiramente, foram incutidos na psique do público. Sem ele, Stephenie nunca teria sonhado com a cena do prado, não haveria nenhum Edward Cullen, nem qualquer tipo de série *Crepúsculo*. Todavia, haveria inúmeras outras criações na história vampiresca antes de Edward Cullen juntar-se ao Conde Drácula no mapa cultural.

Após duas sequências da história do Conde Drácula (*A Filha do Drácula*, de 1936 e *O Filho do Drácula*, de 1943), o personagem começou a aparecer em filmes feitos pela produtora Hammer Horror. O primeiro foi em 1958, estrelando Christopher Lee como o vampiro protagonista. Ele também assumiu o papel em cinco das sete produções subsequentes. Os anos 1960 viram o gênero se expandir com o primeiro filme lésbico de vampiro (*Blood and Rose*, 1960) e um excesso de comédias com vampiros, incluindo *The Fearless Vampire Killers* (1967). Um exemplo mais recente desse gênero de paródia vampiresca é *Dracula: Dead and Loving It*, o qual foi dirigido por Mel Brooks em 1955 e estrela Leslie Nielsen. No meio destes, tantos outros filmes de vampiros foram lançados, entre eles *Rabid*, de David Cronenberg. Lançado em 1977, ele retratava o vampirismo não como uma ocorrência sobrenatural, mas como um vírus.

Em 1987, um filme de vampiro mais voltado à juventude foi lançado: *Garotos Perdidos*, e seu lema era "Durma o dia todo. Festeje a noite toda. Nunca envelheça. Nunca morra. É divertido ser um vampiro." O filme foca em dois irmãos adolescentes que, com a mudança da família para uma cidade costeira da Califórnia, ficam convencidos de que a área é povoada por vampiros. Um dos irmãos começa a mostrar sinais de vampirismo e o caçula, consequentemente, junta uma equipe com dois outros caçadores de vampiros para tentar salvar seu irmão mais velho. Com isso, cunhou-se uma nova frase na cultura popular: "*vamp out* (cai fora)".

Os filmes de vampiro mais influentes, do fim do século XX, foram lançados nos anos 1990. Se, nos anos 1930, ocorreu o primeiro *boom* de vampiros no cinema, então os anos 1990 sentiram a reverberação dessa explosão. Daí, em face do fim da primeira década do século XXI, veio à tona uma terceira era de ouro dos filmes de vampiro. Muitos daqueles que os assistiram, ainda estavam nas fraldas durante a febre vampiresca dos anos 1990. E com relação à Stephenie, ela saiu da adolescência para a idade adulta durante essa década. Apesar de ela dizer que nunca viu qualquer filme de vampiro por ter muito medo deles, certamente, ouviu falar deles devido à sua grande projeção no mundo do cinema, gerando, assim, certa influência sobre ela. John Landis dirigiu *Inocente Mordida*, que chegou às telas em 1992. Com este filme, o gênero foi relacionado ao tema de gângsteres. Na produção, uma vampira, interpretada por Anne Parillaud, é atormentada por membros de uma gangue de chupadores de sangue. Os atores do filme mais tarde encontrariam a fama na televisão, no papel de membros da máfia, em *Os Sopranos*.

Esse filme possuía um elemento de humor negro, assim como *Um Vampiro no Brooklyn*, de 1995, com Eddie Murphy e Angela Basset, dirigido por Wes Craven. O personagem de Murphy é o último de uma geração de vampiros, e ataca o Brooklyn para procurar por uma parceira para dar continuidade à linhagem. Houve uma tensão por trás das câmeras, pois Craven e Murphy tinham visões divergentes de como seria o produto final. No ano anterior, foi lançada uma adaptação para as telas do romance de 1976, *Entrevista com o Vampiro*, escrito por Anne Rice, com Brad Pitt e Tom Cruise. Apesar de muita controvérsia que cercou a questão de Cruise ter sido chamado para o elenco – inclusive Rice, que se opôs publicamente, dizendo que "dar a ele meu Vampiro Lestat era o mesmo que dar a Edward G. Robinson o papel de Rhett Butler" – ele interpretou muito bem o papel do vampiro taciturno para os olhos de muitos, incluindo Rice, que retratou seus protestos. Uma reação semelhante foi feita por Stephenie a um dos personagens-chave nas adaptações de seus próprios romances de vampiro.

Depois, veio a série de televisão *Buffy, A Caça-Vampiros*. Após o filme de mesmo nome ter sido lançado em 1992, *Buffy, A Caça-Vampiros* foi ao ar pela primeira vez no canal America's WB. Tratava-se das aventuras de Buffy (interpretada por Sarah Michelle Gellar), que descendia de uma linhagem de mulheres destinadas a exterminar vampiros, demônios e outras criaturas. Ela possuía um grupo de amigos fiéis chamado "Scooby Gang".

Buffy, A Caça-Vampiros tornou-se um movimento cultural imensamente influente e significante. Com um enorme grupo de admiradores, acabou virando um assunto comum em estudos acadêmicos de cultura popular. Entre seus fãs, incluía-se a irmã de Stephenie, Emily. Ao mesmo tempo em que se deu a grande expansão da internet, a série criou um enorme culto *online* e muitos fãs fizeram suas próprias versões não-oficiais da história. Muitas referências foram feitas a ela em inúmeros programas, incluindo seriados televisivos como *Friends, Will and Grace* e *Os Simpsons*. Até mesmo videogames homenagearam a franquia *Buffy*, incluindo referências em *Grand Theft Auto IV* e *The Burning Crusade*. Se qualquer personagem de vampiro (antes de Edward Cullen) ameaçou tirar Drácula de sua posição de grande sugador de sangue, este foi Buffy.

A série até criou seu próprio léxico, o qual era absorvido e adotado por sua legião de fãs. Se algo era "datado por carbono", significava que algo estava bem desatualizado e um "macaquinho de pelúcia" era um amante homem. Também foi bem influente em histórias subsequentes de *Doctor Who* e no *spin-off Torchwood*. Novamente, parece bem provável que Stephenie tenha sofrido influências do programa e – dada sua falta de cenas de terror – tenha assistido um episódio ou outro. No entanto, como incluía certo conteúdo sexual (alguns deles dignos de censura pela BBC, durante a transmissão da sexta temporada), este não deve ter sido um programa que ela fazia muita questão de assistir entre seus amigos mórmons.

Desde a publicação da série *Crepúsculo* e de suas consequentes adaptações cinematográficas, o mundo ficou louco por vampiros de novo, assim como nos anos 1990. *Sede de Sangue* chegou às telonas no outono de 2009. Produzido pelo sul-coreano Park Chan-Wook, o "mestre do macabro", é um conto de vampiros sombrio, violento e sexual que faz com que, comparativamente, qualquer coisa que ocorra na série *Crepúsculo*, pareça absolutamente inocente. Por exemplo, um personagem, enquanto toca sua flauta, começa a vomitar sangue, que escorre pelo instrumento e jorra por seus furos.

No mesmo ano foi lançado *Cirque du Freak: o aprendiz de vampiro*, sobre um garoto que conhece um homem que é um vampiro. O garoto então se junta ao circo e torna-se um vampiro. Assim como *Crepúsculo*, é baseado numa série de romances para adolescentes. Chegou às telas na Inglaterra apenas algumas semanas antes de *Lua Nova*. Os vampiros em *Cirque du Freak* não são criaturas malévolas, mas, em sua essência, inofensivas. A estrela do filme, Josh Hutcherson, está convencido de que esses vampiros têm uma pequena vantagem sobre os do *Crepúsculo*. "Somos muito diferentes", gabou-se. "Vamos acabar com *Crepúsculo*. Comeremos aqueles caras vivos. Somos muito mais legais que eles!" (Porém, ele estava sóbrio o bastante para admitir que Robert Pattinson, do *Crepúsculo*, era muito mais *sexy* que o elenco de *Cirque*.)

Então, o que está por trás de nosso intenso amor pelos vampiros, seja nas telas, nos livros ou numa combinação de ambos? Teorias foram discutidas por algum tempo, e algumas mais importantes se destacaram. Alguns dizem que os vampiros estão ligados a momentos de aflição financeira. Eles apontam para o fato de *Drácula* ter aparecido nas telas nos anos 1930, uma época de depressão financeira. (A forma humana da personagem da série *Crepúsculo*, Rosalie, deu-se durante essa época.) Então, com a série *Crepúsculo* de Stephenie inspirando uma segunda onda de popularidade vampiresca na primeira década do século XXI, alguns fizeram uma conexão entre essa tendência e a nuvem negra de depressão financeira que pairou sobre o mundo. "Poderia ser uma coincidência?", perguntaram alguns proponentes desta teoria. Em resumo, a resposta seria sim, poderia. Enquanto tal teoria não possui qualquer prova, passa longe da probabilidade ser uma resposta definitiva para a popularidade do gênero que, também, chegou ao auge em épocas de certa confiabilidade financeira. Outras interpretações políticas do vampiro centraram-se no fato de Drácula ser uma representação do Antigo Regime francês do século XIV. Como veremos, Stephenie absolutamente refuta política, embora alguns temas deste teor tenham sido mencionados por ela em um conto escrito em 2007.

Então, existe a teoria à qual todas as coisas acabam chegando – sexo. De fato, a onda de filmes de vampiro dos anos 1990, foi a maneira principal de Hollywood tratar do assunto AIDS. Sangue sendo sugado, infecções sendo passadas adiante... parecia que a obsessão por vampiros na primeira década do fenômeno da AIDS não era uma coincidência. Alguns acreditam que o filme de 1995, *The Addiction*, dirigido por Abel Ferrara, tenha sido ambientado em Nova York e referido-se à AIDS e ao uso de drogas. Seringas eram brandidas como armas e a imagem metropolitana obscura, certamente, associava AIDS e vampirismo. Contudo, outros críticos dizem que o filme tinha muito pouco a ver com derramamento de sangue e vampirismo, ou mesmo AIDS, mas é mais um aviso sobre os perigos imediatos do vício em drogas.

Ainda assim, a sabedoria do mundo dos negócios dos filmes afirma que casais gostam de assistir a filmes de terror juntos, pois, como é argumentado, aqueles momentos de medo são afrodisíacos efetivos. As histórias abstinentes e regradas de Stephenie contradizem essa visão, embora alguns digam que é exatamente a tensão sexual resultante que a confirmam.

Sua própria teoria é muito mais simples – algumas pessoas adoram ficar aterrorizados. "Esta é minha teoria, depois de ter conversado com um monte de gente sobre o porquê de elas gostarem tanto de vampiros" diz a autora com pouco interesse em vampiros enquanto leitora, mas muito disposta quando escritora. "Além de mim mesma, parece que todo mundo realmente adora ser amedrontado num ambiente sob controle. Filmes de terror fazem muito bem, sabia? É uma grande indústria. As pessoas leem muito este tipo de livro. Devo ter este gene faltando em mim, mas claramente gostamos de sermos assustados e olhamos para os monstros com os quais podemos nos apavorar e, a maioria deles é nojenta e, você sabe, abominável, e são cobertos por coisas nojentas. Porém não queremos nada deles. Apenas queremos ficar longe deles. Estão lá somente para nos atemorizar."

"Então, temos os vampiros que são, normalmente, bonitos, eternamente jovens, ricos, cultos e vivem em castelos. Existem tantas coisas que são ideais de vida em nossa cultura, que queremos aquilo que eles têm; porém, surge a espada de dois gumes – eles vão nos matar e nos aterrorizar e, ainda, talvez, queiramos ser um deles. Não quero ser uma vampira. Muitas outras pessoas querem e acho que é por causa dessa natureza dualista que temos – sabe, aterrorizante/intrigante."

Apesar de, em seus momentos de descontração, ela não se interessar muito por esse papo de vampiros, Stephenie realmente entende das coisas quando se trata da história cultural destes seres – e onde seus próprios personagens se encaixam nessa tradição. "Bom, sei o geral, pois existe uma porção de lendas por aí, entende? Existem aquelas que falam de transformações em morcegos e névoa, e outras que são mais concretas", ela diz. "Em geral, meus vampiros não possuem presas e não precisam delas. São muito fortes, então elas acabam se tornando meio desnecessárias, entende? São praticamente indestrutíveis. Estacas de madeira e alho não o levarão a lugar algum. Não dormem de jeito nenhum, nunca estão inconscientes, não têm esse tipo de período. E a luz do sol não os faz mal, apenas os revelam aos outros, pois eles cintilam sob ela."

Então esses são os vampiros de Stephenie, criados a partir de um sonho que ela teve certa noite. Eles divergem da maioria de seus sanguinários antecedentes, mas o público os tem adorado. Agora, ela estava pronta para nos dar mais daquilo que tanto queríamos, com um retorno espetacular às prateleiras com outro romance de vampiros, o segundo da trilogia *Crepúsculo*.

Após escrever o "epílogo de cem páginas" para o *Crepúsculo* com o objetivo de completar a história, Stephenie Meyer começou a desenvolver o enredo de um novo romance, *Lua Nova*. Após o rápido e, relativamente, indolor processo de escrita de *Crepúsculo*, parece que seu sucessor veio com muito mais dificuldade para Stephenie. Ela até mesmo comparou o processo a dar à luz a um bebê. "É igual em dor, e pode se arrastar por horas a fio", disse ela. Durante o processo de escrita, ela se viu, num determinado ponto, trabalhando em dois manuscritos separados, para evitar complicações. "Fui fazendo mudanças editoriais nos dois", disse. "Terei que imprimir ambos e pô-los lado a lado para encontrar as diferenças e escolher aquelas que mais gosto."

Assim como em *Crepúsculo*, ela sentiu que música era muito importante para o processo de escrita. Para este livro, ela foi se tornando bastante afeiçoada e inspirada pela música da banda de Los Angeles, Marjorie Fair. "Para *Lua Nova*, eles foram absolutamente essenciais", entusiasmou-se Stephenie. "Eles conseguem arrastá-lo a um estado suicida mais rápido que qualquer coisa que eu conheça. É aquele tipo de música brega na qual a dor é sentida poeticamente. Foi aquilo que me situou para conseguir escrever sobre uma pessoa que está horrivelmente deprimida e, ainda assim, não consegue demonstrar. Ela não usa roupas pretas ou se recusa a sair de seu quarto, ou mesmo grita com as pessoas que ama; ao invés disso, guarda tudo para si. As músicas deles, realmente, tornaram isso belo para mim."

Felizmente, em meio à dor e à dificuldade, algumas passagens de *Lua Nova* foram alegremente fáceis de serem criadas por Stephenie. "A cena em Volterra [na Itália] veio muito livremente para mim, e aquela é um dos meus escritos favoritos; surgiu como se fosse um filme e apenas escrevi como veio. Gosto muito disso."

No entanto, o fim da história beirava o "muito diferente" daquele que havia sido devorado avidamente por seus fãs – e muito mais monótono. Stephenie pode agradecer à sua mãe pelo fato de que este final nunca tenha sido publicado.

"Havia um final diferente para *Lua Nova*", lembra a autora. "Era um livro muito mais tranquilo. Estava contando à minha mãe sobre ele... e minha mãe disse, "Sabe Stephenie, talvez um pouco mais de ação nesse fim seria uma boa ideia..." E ela estava certa, como sempre... Apresentei os Volturi [uma antiga família de vampiros] um pouco mais cedo na série do que vinha planejando... Agora, é meio que minha parte favorita."

Mamãe sabe o que é melhor, Stephenie!

O público gostou muito do livro quando foi lançado. Após a maçã de *Crepúsculo*, o conceito da capa, desta vez, era uma tulipa ondulada com uma pétala caindo da flor. É uma imagem surpreendente e bela, mas seu significado não diz nada para Stephenie.

"A capa com a maçã [de *Crepúsculo*] teve um grande valor para mim, pois fui uma parte atuante no processo", escreveu em sua página pessoal. "Porém, aquela experiência é mais uma exceção que uma regra no mundo das publicações. Algo para se guardar apenas na lembrança, se pretende embarcar na carreira de escritora: muitas coisas que pensa poderem estar sob seu controle, na verdade, não estão. Capas, por exemplo. Estas ficam por conta, em sua maioria, dos editores e dos departamentos de marketing e vendas. Portanto, não tenho ideia do que significa aquela tulipa – não tive nada a ver com isso."

Em vez disso, ela sugeriu que o conceito da capa deveria incluir a imagem de um relógio, para associar – presume-se – ao relógio da torre no centro de Volterra. Contudo, a escolhida foi a imagem da tulipa. Quanto ao título *Lua Nova*, não teve nada a ver com qualquer tema de lobisomens. "O termo 'lua nova' refere-se à fase da lua oposta à lua cheia", explica Stephenie. "É quando o sol está do lado oposto da lua que se mostra a nós, e, assim, o lado claro da lua não fica visível da Terra. É o tipo mais escuro de noite. *Lua Nova* é o período mais sombrio da vida de Bella."

O livro chegou às prateleiras no dia 6 de setembro de 2006. Cem mil cópias foram impressas inicialmente (mais que as 75.000 cópias da impressão inicial de *Crepúsculo*, refletindo o crescimento em popularidade e confiança). Com o livro publicado, era hora dos críticos expressarem seus veredictos. Era um momento intrigante para Stephenie, pois seu primeiro livro foi, inesperadamente, um grande sucesso, pegando alguns críticos de surpresa. Se considerarmos que o mundo das críticas literárias é governado por considerações políticas, mais do que, propriamente, o conteúdo dos trabalhos revistos, *Lua Nova* poderia sugerir duas tendências possíveis. Poderia fazer chover elogios por parte dos críticos, seguindo a popularidade de *Crepúsculo*. Ou poderia levá-los a uma via bem tortuosa, como parte de um "grande coice" contra a franquia que eles, cinicamente, podem ter sentido que estava crescendo mais que o esperado. Tudo que Stephenie podia esperar era que eles fossem justos com seu livro, o qual foi, em vários momentos, um projeto bem complicado de ser finalizado. Não é apenas o fato de uma boa crítica poder ajudar um livro comercialmente, embora esta seja uma preocupação óbvia para todos os envolvidos no trabalho, mas também a questão de que escritores, tais como Stephenie, ficam, frequentemente, em estado de tensão à espera de qual será a reação das pessoas quanto a seu livro, que sempre é uma empreitada feita com muito amor.

Como quase sempre é o caso quanto a romances de autores americanos de renome, um dos primeiros veredictos veio da *Kirkus Reviews*, uma publicação que analisa livros antes mesmo de seu lançamento. A crítica era otimista e admiradora. O artigo dizia, "Comunicações psíquicas mal feitas e decisões dramáticas tomadas pela angústia levam a uma excitante conclusão de tirar o fôlego, absorta no melhor do excesso romântico gótico. Apesar da personalidade obsessiva e monótona de Bella, este conto de amantes demoníacos torturados seduz."

A *Kirkus* pode definir o tom para a recepção do livro, portanto uma aprovação dela era importante. Após a primeira onda de críticas, veio uma da *Publisher's Weekly*, a publicação mais importante do mercado editorial. Esta revista, que tanto elogiou o *Crepúsculo*, deu um tom mais negativo e preventivo. "Os fãs do primeiro romance de Meyer, *Crepúsculo*, podem se desapontar neste segundo livro da série... Trechos muito alongados no livro podem fazer com que o leitor sinta como se estivesse andando sobre as águas."

Com a imprensa comercial dando ao livro uma recepção mista, Stephenie tinha um veredicto encorajadoramente positivo e um, decididamente, negativo, enquanto aguardava as resenhas dos grandes jornais americanos. O gigante *USA Today* lamentou a falta de vampiros na sequência, mas ainda assim elogiou muito *Lua Nova*. "A narrativa de Meyer pendeu mais ao drama adolescente que às atividades paranormais, mas, ainda assim, talvez seja isso que torne seus contos tão necessários aos leitores mais jovens", escreveu Whitney Matheson. "*Lua Nova* amontoa-se sobre o suspense e o romance, mas se é sangue que está procurando, não será aqui que encontrará."

O *New York Times* apreciou sua habilidade em representar o desespero de Bella após o desaparecimento de Edward. "Meyer transmite perfeitamente a depressão [de Bella] com uma série de páginas em branco, exceto pelos nomes dos meses que passam – Outubro, Novembro, Dezembro", radiava o jornal. "Os fãs ficarão quase que impacientes pelo retorno de Edward, mas forte e ativa, Bella é a estrela deste livro."

A *Booklist* foi comedida em seus elogios. "A escrita é um tanto melodramática", julgou Cindy Dobrez. "Mas os leitores não se importarão. O desânimo de Bella por ser normal (afinal, ela é apenas uma humana) criará um elo muito intenso mesmo com as garotas que não possuem desejo algum de serem imortais; e como os vampiros com "olhos fulgurantes" que assistem Bella sangrar, os adolescentes irão saborear esta nova aventura e terão fome de mais."

A prova para Stephenie de que é impossível agradar a todos veio de uma reportagem publicada pelo *San Jose Mercury News*. O jornal acusou-a de "escrita desajeitada" e disse que ela "praticamente acerta os leitores na cabeça com suas irritantes comparações dos dois personagens principais com Romeu e Julieta!" Uma postura completamente oposta ao *New York Times* foi tomada quanto à maneira que Stephenie representou o desespero de Bella: "O que é ainda mais irritante é o melodramático e tedioso estado vegetativo de Bella durante a ausência de Edward." No entanto, a crítica conclui positivamente, dizendo, "*Lua Nova* é um livro essencialmente adolescente. Seus temas e situações são atemporais, tendo uma intrigante e sombria reviravolta."

Como Stephenie iria descobrir cada vez mais, seus livros raramente formam algum tipo de consenso crítico. Certamente, este é um fator positivo que reflete bem o seu trabalho, apesar dos comentários serem irritantes ou dolorosos para ela.

A publicação americana *School Library Journal* fez uma crítica positiva: "Os fãs de *Crepúsculo* não ficarão desapontados, e aqueles que estão conhecendo agora a série podem pegar alguma coisa daqui e dali para descobrir mais sobre os malévolos amigos vampiros de Edward."

O jornal do Oregon, *Eugene Weekly*, memoravelmente intitulou sua crítica de "Sangrentamente Glorioso", e descreveu o livro como "super-romântico, torridamente escrito, mas ainda assim extremamente atraente a adolescentes mais velhos".

O *Chicago Tribune* convidou a professora universitária Mary Harris Russel para resenhar o livro. O veredicto da especialista foi de que este era "cheio de ritmo e sagacidade" como *Crepúsculo*, completando que "a ação corre rápida nesta combinação do gênero suspense com uma diversão engenhosa".

Mais e mais vinham os veredictos mostrando quão importante a figura de Stephenie estava se tornando. A *VOYA* (Voz dos Advogados da Juventude, uma revista voltada ao público jovem-adulto) disse sobre *Lua Nova*: "Aficionados por vampiros consumirão vorazmente este poderoso volume de uma só vez, e então, voltarão ao início e lerão novamente. Ele mantém um ritmo vigoroso e um equilíbrio quase genial entre romance e ação de tirar o fôlego."

Outra crítica de uma revista concluiu que a sequência era: "Menos estilizado que *Crepúsculo*, mas tão emocionante quanto, [este trabalho] irá mais que alimentar a sede de sangue de fãs apaixonados pelo primeiro volume e os deixará ansiosos pelo terceiro."

Antes de o terceiro livro ser lançado, porém, Stephenie escreveu uma pequena história sobre demônios. Entremeio sua exorbitante popularidade e estima crítica, foi frequentemente acusada de ser incapaz de oferecer concisão em sua escrita. Esmagada na menor das formas de prosa fictícia, como ela se sairia? E quais danos seus demônios iriam causar?

Capítulo Cinco

FORMATURAS E LUZES BRILHANTES

EM ABRIL DE 2007, o segundo conto de Stephenie Meyer foi publicado. O primeiro, *Hero At The Grocery Store*, foi publicado discretamente no ano anterior numa revista mórmon chamada *Ensign*. *Formaturas Infernais* é uma coleção de cinco contos escritos por escritoras renomadas. Além de Stephenie, há Meg Cabot, autora de *Como Ser Popular* e *O Diário da Princesa*, Kim Harrison (*Once Dead, Twice Shy*); Michele Jaffe (*The Stargazer*) e Lauren Myracle (*Love Yah Bunches*). Cada uma delas escreveu um conto sobre o tema de uma formatura que deu errado de alguma maneira paranormal. Como disse a crítica, "Vestir-se mal e ser desengonçada, nem se compara com a sensação de descobrir que seu encontro é com a Morte – e ela não está ali para lhe dizer o quão atraente você está. Desde anjos lutando com demônios, até uma arrepiante história sobre conseguir ser o que deseja, esses cinco contos podem entreter mais do que qualquer DJ malvestido. Nenhum aluguel de corpete ou limusine é necessário. Apenas uma boa e assustadora diversão."

Também era uma boa diversão caridosa. Uma parte da renda arrecadada por cada cópia do livro vendida foi destinada à organização sem fins lucrativos First Book (Primeiro Livro). A First Book é uma causa importante para o coração de Stephenie, pois trabalha para dar a crianças de famílias pobres a chance de ter e ler seu primeiro livro. Ela é, como veremos no decorrer de sua história, uma mulher muito generosa. Por exemplo, há rumores de que ela doa uma parte de sua renda para a igreja mórmon. O valor é estimado em cerca de 10% de seus rendimentos anuais.

A história de Stephenie na coleção foi chamada de "Inferno na Terra" e encerra o livro – com certo estilo, também. Para o leitor acostumado com os romances de Stephenie, o ritmo de seu conto é surpreendente – deixa um sentimento quase de tontura. Com o ritmo acelerado, ela também deixa de lado um pouco de sua inibição quanto à paixão sexual. Já na segunda página, descreve um casal se abraçando e beijando, dizendo que havia "perdido algo que ela precisava lá no fundo da boca de Heath". Esse era o tipo de coisa bem vívida, e uma espécie de eufemismo também, que nunca se esperaria ler em *Crepúsculo*.

A história trata de alguns demônios que estão secretamente causando estragos em uma formatura, em uma noite úmida de Miami, na Flórida. Um deles espalha o caos entre os estudantes ao caminhar. À medida em que ele passa pelas pessoas, elas perdem uma lente de contato, ou quebram um salto, ou a menstruação acaba vindo inesperadamente – "pequenos desastres rondando pequenos círculos de sofrimento". As imagens descritas por ela são vívidas: um personagem repara em um garoto com "olhos cor de café, nadando em lágrimas." Depois ela escreve, "Como um elástico que foi muito esticado, agora a atmosfera (...) se vingaria." Um personagem se dá conta que tem uma arma apontada para ele, "como se tivesse acabado de acordar de um sonho", escreve ela com o tema soporífero emergindo novamente.

Nessa história, Stephenie segue uma linha mais política que qualquer outro trabalho que ela já tenha escrito, antes ou depois. Um dos demônios diz ao outro que sua missão de difundir o mal era uma que "obviamente ganhariam". Mas mesmo com toda a guerra e destruição no mundo, opondo-se a isso, sempre existem boas coisas também. Para cada assalto bem sucedido, há sempre outro em que o herói intervém. "Estamos perdendo terreno", reclama o demônio.

Na verdade, esse trabalho não é, de forma alguma, pesadamente político ou partidário, porém, de fato, marca o comentário social mais aberto que Stephenie já proferiu até o presente momento. Seu conto sobre a formatura – e, consequentemente, o livro como um todo – termina com uma perspectiva positiva. Quando um demônio "celebra" que a miséria está por toda parte, o demônio irmão contrapõe-se, "A felicidade também está, irmã. Está por todo lado." Há também um pouco de humor. Ao comentar sobre a noite quente e grudenta, um demônio diz, "Miami não estava nenhum inferno, mas, pelo menos, estava confortável."

Uma mulher que, abertamente, admite a dificuldade em ser concisa, Stephenie ficou nervosa com o fato de como sua história seria recebida. Este era seu primeiro trabalho fora da série *Crepúsculo*, e, naquele momento, apenas a quarta obra a ser publicada, seguindo *Crepúsculo* e *Lua Nova*. Felizmente, para ela, a recepção do livro *Formaturas Infernais* e suas contribuições foram de muita valia. "Longe de ter clichês transparentes, as formaturas demonstraram, nesta antologia, serem surreais e, frequentemente, povoadas por monstros e zumbis", escreveu Gillian Enberg na *Booklist*. "O tom em cada história oscila entre acampamentos superficiais e terror assustador, assim como um filme de horror adolescente. Como muitas antologias, esta é bem desigual, mas tem muita coisa para divertir a antigos fãs de terror, particularmente aqueles com uma visão cínica quanto a bailes de formatura."

Stephenie deve ter uma visão muito cínica quanto a bailes de formatura, a julgar pelo comportamento desastroso e doloroso que sobressai em sua história. Se teve algum demônio sendo exorcizado em seu conto, apenas ela e seu par, KJ, poderiam dizer. Eles estavam, certamente, todo sorrisos na fotografia tirada antes de sair para o baile. Imagine o que pode ter acontecido quando eles chegaram lá.

Os veredictos eram abundantes com relação ao livro, dado o envolvimento de Stephenie. Outros críticos elogiaram a coletânea. "Certo de agradar a adolescentes mais velhos, este livro, sem dúvida, fará parte dos circuitos de fãs de demônios, fantasmas, vampiros e histórias de amor góticas", escreveu Caryl Soriano, da

Biblioteca Pública de Nova York, para o eternamente admirado *School Library Journal*.

Stephenie era frequentemente destacada, antes de suas coautoras, nos elogios.

"Meyer é didática e original", escreveu Jenny Hale, no *Sun Herald*, embora conclua, "Uma leitura leve e sombria – nada que durará muito tempo na mente." Isso era justo, já que tais contos foram feitos para distrair brevemente a atenção dos leitores. Nenhum deles estava destinado a mudar o mundo ou ter qualquer impacto duradouro. Contos raramente o fazem.

Stephenie é conhecida por ler – e ser fortemente atraída por – críticas dos consumidores deixadas na página da Amazon a respeito de seus livros. Ela gostou do que encontrou na página de *Formaturas Infernais* – assim como suas colegas escritoras. "Este livro é extremamente inteligente e uma ótima leitura. Comprei-o, simplesmente, devido a um dos cinco contos ser de Stephenie Meyer, mas li todos e percebi que são muito originais e divertidos!"

Outro acrescentou, "Eu recomendo. É legal."

As opiniões positivas continuavam. "Stephanie [sic] Meyer está no auge", disse outra cliente. "Foi fácil de me envolver com este livro e é muito agradável. Sei que é um daqueles que irei reler diversas vezes! Experimente e veja você mesmo!!"

Portanto, a aceitação era positiva tanto dos críticos quanto das pessoas que eram ainda mais importantes para Stephenie – o comum e cotidiano público leitor. Pode ser que ela venha a se sentir encorajada a voltar à forma de contos no futuro. Talvez ela não ache mais a concisão tão aflitiva quanto temia.

Falando em medos, suas preocupações anteriores com relação a bailes de formatura foram exorcizadas não apenas por escrever o conto, mas também pelo baile que ela mesma organizou em maio de 2007. Foi realizado na Universidade do Estado do Arizona, a qual foi criada em 1885, na cidade de Tempe. Não foi, de maneira alguma, uma noite de baile convencional. Naquela noite, o ginásio estava enfeitado com decorações vermelhas e pretas, bem extravagantes, e Stephenie chegou vestindo um atraente vestido de noiva de

Borgonha com lantejoulas, complementado por strass e contas. Foi um verdadeiro evento de *Crepúsculo*: modelos foram contratados para atuarem como Edward e Jacob.

A ideia para a noite surgiu quando duas moças de 20 anos, fãs de *Crepúsculo*, de Long Beach, na Califórnia, encontraram com Stephenie numa sessão de autógrafos no outono anterior. Christina Echeverria e Kady Weatherford disseram à autora que planejavam dirigir a sua próxima sessão de autógrafos no Arizona e que também estavam pensando em organizar um baile em sua homenagem. "Dissemos, 'Vamos fazer uma festa e usar vestidos lindos'", disse Echeverria.

Stephenie gostou da ideia. "Minha agente publicitária e eu somos como duas garotinhas", disse.

Ela, então, pediu às fãs que criassem um comitê para o baile e anunciou detalhes do evento em seu próprio site. As entradas esgotaram em apenas um dia, então uma segunda noite foi rapidamente acrescentada. Era fácil para Stephenie viajar até o evento, já que, a esta altura, Pancho já havia desistido de seu trabalho para cuidar das crianças.

Os fãs chegavam aos milhares – tendo até um fanático por *Crepúsculo* vindo de Londres. Reuniam-se aos montes, vindos de todas as partes dos Estados Unidos. "Usei todo meu dinheiro do Natal para isso", disse a menina de 17 anos, Kristen Disabella, de Flower Mound, no Texas. "Sempre esperei por isso, gosto dos personagens (...) É difícil acreditar que eles não sejam reais."

Outra Kristen – Kristen Brabrook, de Sterling – concordou e disse que poderia se relacionar com os personagens, pois eles são normais, não são "extremos" como líderes de torcida ou párias sombrios da sociedade. Ela e sua melhor amiga, Roni Baloy, de 19 anos, também de Sterling, voaram até o baile, pois elas são "apaixonadas pelas coisas que amam", disse Brabrook. "Estar num lugar em que se está cercada por pessoas que têm exatamente as mesmas paixões que você, é muito legal. Ainda mais: dá para conhecer a autora."

Quanto à autora, ela estava animada com o acontecimento – em termos de níveis de confiança e prazer, ela já havia superado de longe aqueles dias em que se sentia nauseada antes de qualquer evento promocional. "Todos eram lindos!" ela lembra com um sorriso. "A criatividade e glamour levaram-me às nuvens." Tomou o palco sob uma incrível ovação e leu o primeiro capítulo do inédito *Eclipse* aos "Twihards" reunidos. Ela percebeu que aquela seria uma experiência que perduraria algum tempo e prejudicaria muito sua voz. "Havia muitos fãs excitados, e logo inferi que, dentre todos aqueles sorrisos felizes à vista, eu era a única pessoa no salão, naquele mesmo instante, que estava totalmente amendrontada", ela disse. Sentia-se mais confortável ao autografar livros para seus fãs, e assim o fez até criar uma bolha. "Autografei livros até aparecer uma verdadeira bolha d'água em meu dedo indicador, o que nunca havia acontecido antes", disse. "Então tive a chance de dar uma escapada, após todos os livros estarem assinados, para tirar minha foto oficial do baile." Foi tirada ao lado dos modelos que, naquela noite, interpretavam os papéis de Edward e Jacob.

Os modelos fizeram um belo trabalho naquela noite. No entanto, as boas notícias eram que, em breve, atores reais interpretariam seus personagens – no cinema. Primeiro, porém, havia o pequeno problema da continuação da história do *Crepúsculo* nas páginas impressas.

Eclipse foi lançado no dia 7 de agosto de 2007, com uma impressão inicial de um milhão de cópias. A capa desta vez trazia um laço vermelho rasgado, em contraste com o usual fundo negro. Acredita-se simbolizar o sentimento de Bella de estar dividida entre Edward e Jacob, e, numa escala maior, entre os clãs dos vampiros e dos lobisomens. O livro assinala um fator decisivo para a heroína, como explicou Stephenie, "Tanto em *Crepúsculo* quanto em *Lua Nova*, Bella quer se tornar uma vampira sem, uma vez sequer, analisar o preço que seria pago por tal decisão. Em *Eclipse*, Bella compreende plenamente tal preço. E ela escolhe pagá-lo. Todos os aspectos do livro se voltam para tal ponto: todas as tramas secundárias, todos os relacionamentos, todos os momentos de ação."

Quaisquer dúvidas ou preocupações sobre se sua popularidade já havia atingido o auge foram apaziguadas quando 150.000 cópias sumiram das prateleiras nas primeiras 24 horas. Com efeito, imediatamente, sua presença foi sentida nas listas dos mais vendidos quando desbancou *Harry Potter e as Relíquias da Morte*, de J.K. Rowling, do primeiro lugar. Isso era algo conflitante para Stephenie, que sempre foi apelidada de a próxima J.K. Rowling. O comércio livreiro aguardava um alvoroço, mas não nesta escala. "Imaginamos que o livro seria um grande sucesso, mas isso superou nossas expectativas", disse Steve Riggio, chefe executivo da Barnes & Noble, maior loja de livros da América. "Como comerciantes, estamos empolgados."

Stephenie também ficou empolgada, naturalmente – e nem um pouco aliviada. O sucesso do livro foi ameaçado quando, devido a um erro de computador, uma livraria *online*, acidentalmente, enviou algumas cópias de *Eclipse* mais cedo a clientes que o encomendaram pela internet. Sendo o séquito de *Crepúsculo* uma multidão de viciados em internet, houve o medo de que *spoilers* do enredo de *Eclipse* fossem espalhados como rastilho de pólvora pela rede. Stephenie e a sua editora ficaram com medo de que o incidente se tornasse um eco do que acontecera com a publicação do sétimo livro da série *Harry Potter*. Naquela ocasião, cópias vazadas foram escaneadas e divulgadas *online*, página por página, antes da publicação. Outras estavam sendo vendidas num leilão virtual, antes do lançamento oficial. Para evitar a especulação pela rede sobre a trama, muitos fóruns virtuais de *Crepúsculo* foram fechados, e Stephenie bloqueou a área de comentários em sua página do MySpace para evitar que fãs postassem os *spoilers*.

Foi uma experiência assustadora para a autora e para a editora, e aconteceu novamente quando foi lançada a edição especial de *Eclipse*. A edição incluía a capa e o capítulo de abertura de *Amanhecer*, tornando-o um item muito emocionante e apreciado pelos fãs. Seu lançamento não deveria acontecer antes do fim de maio de 2008, mas, novamente, algumas cópias acabaram vazando mais cedo, ruindo com a espera dramática do lançamento oficial. "Há muita especulação na internet sobre as possíveis capas, conteúdo e texto de

Amanhecer", disse Stephenie. "Espero que todos saibam que não dá para acreditar em tudo que vemos na internet. A única maneira de saber o que é real, é quando se tem os livros em mãos. Até lá, as pessoas deveriam ponderar mais sobre tudo o que veem."

O fato de que esses incidentes causaram tanta preocupação é extraordinário. A Stephenie-mania não deve ser subestimada e todos os detalhes devem ser examinados e discutidos cuidadosamente. Lembremo-nos da famosa máxima do agente britânico de futebol, Bill Shankly, que, discutindo se futebol era uma questão de vida ou morte, gracejou num *talk show* em 1981, "É mais importante que isso."

Stephenie sempre teve uma posição firme com relação aos detalhes de sua história durante o processo de copidesque. Sua confiança foi crescendo desde os tempos da edição de *Crepúsculo*, quando ela se manteve incrivelmente discreta e submissa, apesar da inquietude sentida no decorrer do processo. Durante as discussões sobre o manuscrito de *Eclipse*, ela foi encorajada pelo editor para incluir uma cena de sexo na história. Além de recusar, era apoiada em sua decisão – ela sentia prazer em dizê-lo – por muitos de seus leitores jovens. "É um ótimo sinal que as crianças ainda queiram ser crianças e os adultos queiram ser crianças novamente para poderem reviver o seu primeiro beijo", disse ela, emocionada pelo suporte de seus leitores. "Gostaria que mais deles não se sentissem pressionados em fazer sexo. Sei que sexo vende, mas acho que romance também o faz, principalmente, se for bem feito. Há também, obviamente, uma necessidade de mais livros como esse."

Para muitos, a prova de Stephenie de que é possível fazer algo de sucesso sem utilizar o recurso da estimulação sexual é, realmente, reconfortante.

Ela foi, novamente, influenciada pela música ao escrever o livro, disse. "O exemplo mais concreto das músicas que moldaram o livro foi quando estava trabalhando em *Eclipse*. Estava no carro com minha irmã ouvindo "Hysteria", do Muse – estávamos fora da cidade e meu CD *Absolute* estava lá, pois não viajo sem ele. Ouvíamos "Hysteria" e a cena do beijo entre Bella e Jacob coreografou-se em minha mente, até o número de passos. Posso ouvi-lo na batida da música, à medida que ele caminha em direção dela. A cena não é a preferida de todo mundo, mas eu, com certeza, gosto."

Como veremos, a premissa de seu primeiro romance adulto também surgiu durante uma viagem de carro. Seus fãs esperam que ela continue sonhando e dirigindo, pois ambos parecem criar um solo fértil para sua imaginação. Só não faça os dois ao mesmo tempo, Stephenie.

As críticas que recepcionaram a publicação de *Eclipse* foram, em sua maioria, positivas, embora algumas tenham focado sobre o uso excessivo de advérbios. Isso também foi um dos pontos destacados quanto a Rowling – quando seus livros do *Harry Potter* foram lançados, os críticos também foram frequentemente depreciativos a respeito de seu uso de advérbios.

A resenha do prestigioso jornal *New York Times* excedeu as mil palavras. Lisel Schillinger, crítica do *New York Times*, concluiu elogiando Stephenie, consciente de sua situação única: "Que criatura subversiva poderia sonhar com um universo no qual vampiros e lobisomens dão prioridade ao casamento, em vez de uma carnificina, em sua lista de afazeres?" perguntou Schillinger. "A resposta, é claro, é uma escritora de *thrillers* excitantes, românticos e ocultos, que, no fim das contas, é uma saudável mãe mórmon de três filhos – uma categoria única, somente ocupada por Stephenie Meyer. A autora é bem consciente da contradição abaladora entre a sua vida real e a imaginária."

As crianças também amaram. "*Eclipse* de Stephenie Meyer é o melhor livro que li esse verão", escreveu uma admirada Megan Aurin, no *Pittsburgh Post-Gazette*, "batendo o último livro de *Harry Potter*. É cheio de drama, mais ação e ainda mais humor que os últimos livros dela. Fiquei estarrecida pelo ritmo acelerado, as reviravoltas e as conclusões sempre surpreendentes. Recomendo, a todo instante, o livro para todos da minha família e aos meus amigos. Ao ler *Eclipse*, mal posso esperar por *Amanhecer*, o quarto livro de Meyer dessa série viciante, que envolve Bella, Edward, Jacob e os outros personagens com os quais tanto nos envolvemos e nos identificamos."

Marissa Dever, de 12 anos, concorda: "Acho *Eclipse* um dos melhor livros que já foram escritos... É EXTREMAMENTE bem escrito." Com Stephenie mantendo a tradição de histórias de vampiro funcionando bem nas páginas escritas, agora era hora de suas histórias serem testadas nas telonas. Sua vida nunca mais seria a mesma.

A jornada desde a concepção até a publicação de *Crepúsculo* foi abençoadamente simples para Stephenie. Porém, a transferência da mesma história, dos livros para o cinema, já não foi tão direta assim. Ela ficou mais que empolgada quando vendeu os direitos da obra *Crepúsculo* à parceria MTV/Maverick em 2004. Com a Paramount Pictures na fila para fazer o filme, esse era um incrível acontecimento na vida de Stephenie.

No entanto, tentava manter os pés no chão. Discursando durante um evento público, ela falou com realismo sobre suas perspectivas: "Sei que estão em sua segunda revisão do *script*, então eles parecem bem comprometidos em torná-lo um filme – embora apenas cerca de 20% dos livros que são comprados pelos estúdios realmente acabam sendo filmados."

Seu cuidado tinha um mérito: o plano foi por água abaixo quando o tempo se esgotou para a MTV, expirando o contrato em 2007. Dentro de meses, mudanças na Maverick também estavam por acontecer. As razões relatadas para o fato deste contrato nunca ter se transformado no filme *Crepúsculo* foram a de problemas com o *script*. Rumores sugerem que a versão cinematográfica divergia dramaticamente da história das páginas, incluindo a presença de óculos de visão noturna e Bella sendo um diferente personagem daquilo que ela era na obra.

"Se eles tivessem lançado esse filme, pondo outro nome qualquer, ninguém nunca iria perceber que se tratava de *Crepúsculo*", ela disse. Por agonizantes meses a fio, a ideia estagnou-se naquilo que é conhecida pela indústria como "purgatório" – significava que havia sido comprado por um estúdio de gravação, mas não estava sendo produzido. "Aquela foi uma experiência terrível", disse Stephenie. "Percebi que tudo poderia dar errado e que eles poderiam fazer aquilo muito mal, mas, quando fazem algo, não têm nada a ver com a história. Isso era chocante para mim, pois sou muito ingênua."

Quando o contrato expirou, Stephenie e sua agência concordaram – com um pouco de relutância por parte de Meyer – em falar com outras companhias de produção para ver se era possível ressuscitar o contrato. Quando foi suscitado na indústria que *Crepúsculo* – naquele momento um grande sucesso no mundo literário – estava procurando por um novo contrato cinematográfico, inúmeras empresas correram para tentar comprar os direitos. A companhia que fechou negócio foi a Summit Entertainment.

Criada nos anos 1990, a Summit Entertainment fica perto de Los Angeles e estava encantada por ter conseguido o acordo de *Crepúsculo*. Stephenie admite que estava "fatigada" enquanto acompanhava o fiasco da Maverick. "O período de opção havia terminado", ela lembra, "e foi quando a Summit veio e disse: 'Podemos rodar sua opção? Podemos tê-la?'"

Tiveram de se esforçar muito para persuadi-la a assinar o contrato, pois ela ainda estava preocupada pela maneira com que os produtores originais planejaram mudar a história para as telas.

Erik Feig, presidente de produção da Summit, fez tudo o que pôde para garantir-lhe que sua companhia permaneceria fiel à sua história. Entre as promessas que ele fez, estava a de que "nenhum personagem vampiro seria representado com dentes caninos ou incisivos mais longos ou mais pronunciados que aqueles que podem ser encontrados em seres humanos". Ela também insistiu que "não poderia haver caixões (...) os personagens devem ser apresentados por seus nomes atuais e com suas formas atuais, e eles não poderiam matar ninguém que não morresse no livro". Porém, ela não ficou satisfeita apenas com promessas vagas e da boca para fora dadas em reuniões: ela queria algo mais sério que aquilo. "Peguei tudo por escrito", disse. Aqui, a relativa juventude da companhia foi vantajosa, ela sentiu. "Essa é a melhor coisa de se trabalhar com uma nova empresa – eles estão bem abertos para trabalhar com você."

Stephenie assinou e as novidades, rapidamente, criaram um burburinho na indústria do cinema – seu livro, finalmente, estava prestes a chegar às telas. Os Twihards do mundo inteiro ficaram maravilhados.

A roteirista Melissa Rosenberg recorda bem aqueles dias. Ela disse, "Quando [Stephenie] foi à Summit e convenceram-na a assinar o contrato com eles, ela insistiu numa série de coisas (...) coisas que não poderiam ser mudadas. Por exemplo, os personagens tinham que ser os mesmos, os vampiros deveriam ter as mesmas habilidades e as mesmas limitações. Possuíamos esta declaração de várias páginas com o qual começamos a trabalhar. Eles me enviaram e achei que não havia absolutamente nada nele que poderia me atrapalhar. Todos temos livros favoritos adaptados para as telas que olhamos e dizemos, 'Por que eles fizeram isso?'"

Rosenberg acrescenta que a Summit usou da enorme quantidade de fãs do *Crepúsculo* para tentá-la a aceitar a fazer o *script*, mas não foi isso que a fez mudar de ideia. Em vez disso, foi algo de maior importância para Stephenie que auxiliou Melissa a ser convencida. "Foram os personagens que me impeliram a aceitar o emprego", disse ela em palavras que se tornariam música para os ouvidos de Stephenie. "E, realmente, mais que isso, foi o que Stephenie fez ao gênero dos vampiros, um dos mais trilhados que já tivemos. Ela reinventou a mitologia de uma maneira renovada, e esse é um feito e tanto. Sou uma grande fã do gênero."

O talento contratado para dirigir o filme foi Catherine Hardwicke. Quando criança, diz Hardwicke, ela "nem sabia direito o que era cinema". Ela cresceu no extremo sul do Texas, próximo à fronteira com o México. Foi uma criação pouco convencional para Hardwicke, mas lhe serviu muito bem. "Desde os meus cinco anos de idade, sabia que nunca teria filhos, fumaria, beberia, ou mesmo casaria. E nunca mudei de ideia."

Seus pais cultivavam maconha e ela sempre foi intrépida em suas brincadeiras durante a infância. "Cruzávamos a fronteira com o México e levávamos tiros lá", ela disse. "Era um verdadeiro Velho Oeste."

Após sair do colégio, foi inicialmente trabalhar com arquitetura, mas logo se cansou daquilo, pois achou sufocante e pouco inspirador. Então, ela se formou em Cinema e trabalhou duro para conseguir entrar na indústria. Seu primeiro grande sucesso, como diretora, foi o filme *Aos Treze*. Tal filme melhorou seu status no mundo do cinema, com uma pouco convencional, mas, ainda assim, talentosa atuação. "Sou uma esquisitona, eu acho", ela diz sobre sua reputação.

Esquisitona ou não, ela rapidamente foi considerada a pessoa certa para dirigir *Crepúsculo*. Foi em janeiro de 2007 que ela comprou sua cópia do livro e se sentou para lê-lo. Lembra vividamente da primeira vez que leu – ou "devorou" – o livro e quão impressionada ficou com ele. "Quando comecei a ler o *Crepúsculo* fui arrebatada pelo sentimento desse pleno e quase obsessivo amor", disse sobre a história que ela levaria das páginas às telas. Rapidamente, identificou os temas-chave do enredo: "delirante, obsessivo, hipnótico e amor profundo". Sentiu-se "arrebatada" pela história, assim como muitos leitores. "[Bella é] uma adolescente muito legal, que se apaixona loucamente, tão loucamente, por esse cara, que ela realmente acaba se tornando uma vampira só para estar ao lado dele (...) Stephenie captou verdadeiramente o espírito de uma adolescente e de seu primeiro amor."

Hoje em dia, Hardwicke ainda tem a primeira cópia do *Crepúsculo* que comprou, que agora está cheia de *post-its*, com o texto demasiadamente sublinhado e anotado, e todo o conteúdo está gasto de tanta leitura. Stephenie, uma leitora voraz, age de forma parecida, assim como sua personagem Bella, que gasta os livros que lê em *Crepúsculo*.

Stephenie estava muito entusiasmada com o fato de Hardwicke ser a diretora – e uma pessoa tão talentosa. "[Ela é] fantástica", diz a autora. "A primeira vez que começamos a conversar, fiquei surpresa, pois sabia que ela era a pessoa cujo foco daria forma a esse filme. Seguíamos na mesma página desde o princípio, e ela já estava ciente antecipadamente das coisas que mais me preocupavam (...) Daí ela foi incrível, pois pensava exatamente como eu. Simplesmente amei trabalhar com ela."

A relação delas ultrapassou as barreiras do estritamente profissional, revela Stephenie. "Somos meio que camaradas. Ela é uma pessoa muito legal e maravilhosa."

Com essa parceria tão forte desde o primeiro encontro, Stephenie estava cada vez mais otimista com a perspectiva do filme dar certo.

Igualmente, Hardwicke sentiu uma grande pressão sobre ela. Ao selecionar o elenco para o filme, ela viu um desafio ainda maior, pois, como Stephenie admitiu, ela já tinha alguns atores em mente, os quais ela já imaginava, cada um deles, em muitos dos papéis-chave. "O engraçado é que quando escrevi *Crepúsculo* ainda para mim mesma, não o imaginava como um livro", disse Stephenie. "Não pensava em publicá-lo; ao invés disso, ficava selecionando o elenco em minha cabeça, pois, quando leio livros, vejo-os muito claramente. Eu praticamente visualizo todo livro que leio com atores reais. Fico pensando, "Quem poderia fazer esse? Quem faria isso?" Fiz exatamente da mesma forma enquanto escrevia *Crepúsculo*."

Antes disso, ela confessou – ao menos, em sua imaginação – já ter elencado atores de verdade para muitos dos papéis. "Tenho atores certos que serão minhas primeiras escolhas para certos papéis, incluindo Henry Cavill como Edward, Emily Browning como Bella, Charlie Hunnam como Carlisle, Rachel Leigh Cook como Alice, Graham Green como Billy, Cillian Murphy como James e Daniel Cudmore como Emmett."

Sem dúvida que Hardwicke sentiu um alto grau de pressão sobre ela quando levou para ser apreciado o elenco real do filme. "O primeiro desafio para mim foi encontrar a Bella perfeita", lembra ela, consciente do personagem brilhante que era. "Stephenie criou uma garota de dezessete anos com uma bela coragem – porém, com uma capacidade para o amor profundo."

Hardwicke, logo, teve alguém em mente para o papel. "Vi a breve, mas poderosa atuação de Kristen Stewart em *Na Natureza Selvagem* e fiquei impressionada por sua profundidade e vulnerabilidade. Quando ela se senta na cama dentro do trailer, seu anseio e desejo intensos eram palpáveis."

Nascida em 9 de abril de 1990, Stewart foi criada no coração da indústria cinematográfica americana – Los Angeles. Seu pai é um produtor de televisão e sua mãe trabalha na supervisão de roteiros. Aos 12 anos, ela teve seu primeiro grande papel no soberbo *thriller*, e sucesso de bilheterias, *O Quarto do Pânico*, estrelando ao lado de Jodie Foster. Na época em que Hardwicke pensou nela, Kristen estava filmando a comédia romântica *Férias Frustradas de Verão*, em Pittsburgh. A diretora viajou durante a noite para encontrar Stewart lá e, apesar do fato de a jovem atriz ter gravado a noite toda, mostrou-se uma profissional experiente. "Ela decorou suas falas ali mesmo", disse Hardwicke de Stewart por sua impressionante performance no domingo, seu dia de folga. "Ela dançou sobre a cama e perseguiu pombos no parque. Fiquei super cativada."

A diretora voou de volta a Los Angeles e reviu a sequência de atuações de Kristen. Logo de cara, teve a certeza de ter encontrado sua Bella. Com esse papel preenchido, era hora de encontrar o ator para o papel da obsessão de Bella – Edward Cullen. Essa era uma decisão pontual: quem poderia, convincentemente, preencher esse papel, incendiando os corações de milhões de adolescentes com a luxúria obsessiva que Bella sente por ele no livro? Ela e os diretores de elenco consideraram milhares de atores para o papel. Ela, pessoalmente, conheceu uma dúzia deles, mas todos, quase sempre, não se encaixavam.

"Eles, na maioria das vezes, pareciam com um garoto qualquer, não um vampiro de outro mundo", ela recorda no *Crepúsculo: Livro de Anotações da Diretora*. Ela admite que ficou preocupada, e sentiu-se sob enorme pressão para escolher "o Edward perfeito". Entre os escolhidos para as audições estava um ator chamado Michael Welch, que foi considerado errado para o papel de Edward, mas lhe foi dado o papel de Mike Newton. Ainda assim, porém, o grupo não estava nem perto de encontrar seu Edward perfeito.

Outro ator que se submeteu à audição para o papel foi Dustin Milligan, estrela de *90210*, um subproduto do antigo *Barrados no Baile*. "Infelizmente, eu não tinha um sotaque britânico, então não consegui o emprego", brincou. Essa foi uma referência à preferência de Stephenie por um ator inglês para interpretar Edward Cullen. Sua primeira escolha para o papel foi o ator inglês Henry Cavill, estrela do seriado *The Tudors*.

"Indiscutivelmente o personagem mais difícil para escolher quem o interpretará, Edward é também aquele que mais estou intensamente decidida", ela escreveu em seu site. "O único ator já visto por mim e que penso poder chegar perto de uma boa interpretação para Edward Cullen é Henry Cavill. Henry foi o Albert, o jovem filho em *O Conde de Monte Cristo*. Consegue vê-lo? Eu sei que posso!"

O problema era que, aos 25 anos, Cavill lutaria para preencher o papel de um personagem de 17 anos, que não envelhece, em uma história que tem quatro partes. "Os estragos do tempo já levaram seu quinhão", brincou Cavill.

Stephenie não ficou muito feliz em vê-lo ser descartado. "A coisa que mais me desapontou foi perder o Edward perfeito", escreveu. Ela propôs que outro papel lhe fosse dado – do chefe da família Cullen, Carlisle Cullen, embora ele não tenha recebido tal papel também.

Os produtores ainda não tinham ninguém para interpretar Edward Cullen. Em cima da hora aparece um jovem rapaz. Robert Pattinson havia acabado de aparecer em um filme chamado *Poucas Cinzas*, e seu agente estava pronto para pô-lo de volta às telonas, enquanto a chama ainda estava acesa. Nascido em Londres, em 1986, ele ficou mais conhecido por seu papel em dois dos filmes da série *Harry Potter*. Com seus incontestáveis charme e beleza, ele rapidamente tornou-se um excelente candidato. Como os produtores de *Crepúsculo* estavam procurando por um Edward, o agente de Pattinson mandou-o para algumas seleções de elenco, e uma delas era para *Crepúsculo*. Ele filmou sua própria audição, de tão interessado que estava para o papel. Esse havia sido um método que funcionara para outros atores de sua geração: Elijah Wood fez o mesmo para o papel de Frodo na trilogia *O Senhor dos Anéis*. Então Robert e um amigo gravaram a cena que ocorre numa aula de química. No entanto, ficou muito tímido para mandar toda a filmagem. Afinal de contas, a cena deveria ocorrer entre um personagem masculino e outro feminino. Sentiu-se da mesma forma quando foi aos testes. "Estava, literalmente, envergonhado ao entrar na sala de audição", disse ele. "Pensei que a própria ação de ir à audição era completamente absurda, pois eles iriam apenas selecionar um elenco de modelos ou algo parecido. Senti-me meio arrogante pelo simples fato de ir até lá. Estava quase tendo um ataque de pânico pouco antes de ir ao teste em frente às câmeras." Tomou um pouco de Valium para tentar se acalmar.

Contudo, ele não tinha motivo para ficar tão ansioso, pois Hardwicke ficou impressionada com sua audição, embora ela admita que não ficou convencida desde o início. "Não pensei nele inicialmente", disse Hardwicke. "Estava muito desesperada, e ele pareceu REGULAR naquele filme, mas aquilo havia sido há algum tempo e nunca o imaginei como a pessoa certa. Mas chegamos a quatro escolhas, e ele era uma delas."

Junto com os outros da pré-seleção, Pattinson voou para Los Angeles para as audições finais. À noite, ele dormiu no sofá de seu agente; de manhã ele foi fazer o teste. "Ele voou às suas custas até LA, dormiu no sofá de seu agente, e fizemos a seleção final na minha casa", lembra Hardwicke. "Os quatro caras vieram e leram três diferentes cenas com Kristen. Quando chegou a hora de Robert e Kristen, fizemos a cena do beijo na minha cama. Assistindo àquilo, pensei: 'Legal! Esses dois têm química, têm faíscas, dá para sentir a intensidade e a paixão.' E soube naquele momento que podíamos fazer um bom filme."

Foi um caminho incomum até as "finais" para Pattinson. "Ele era, simplesmente, uma aposta incomum", ela disse. "Vi *Harry Potter e o Cálice de Fogo*, mas não sabia quem ele era. Estávamos chegando aos finalmentes e fiquei, tipo, 'Quem é esse cara?' e foi meio problemático ao telefone, pois ficávamos tentando compreender um ao outro."

Com Pattinson escolhido para o papel de Cullen, os dois personagens principais estavam selecionados. Para Pattinson, isso iniciou um período de ansiedade posterior, pois não conseguia imaginar como faria para interpretar o personagem que Stephenie criara no livro. "Basicamente, passei dois meses pensando, Maravilha! Como posso interpretar esse personagem como está escrito, e ser completamente diferente dele na vida real?" ele disse à *Vanity Fair*. "Como posso fugir do aspecto mais importante de sua descrição – sua aparência?"

Percebeu que, a maneira com a qual Stephenie havia escrito o livro, tornou seu desafio mais difícil na versão cinematográfica. "Já que é escrito pela perspectiva de Bella, ela o descreve de uma maneira obsessivamente sensual. Ela não vê um defeito sequer nele (...) Então levei uma eternidade para pensar como seria, mas acabou sendo bem simples: quando se está apaixonado por alguém, não conseguimos ver quaisquer falhas na outra pessoa. Então, finalmente, entendi que não tinha que interpretar o homem mais bonito do mundo, mas apenas um homem apaixonado."

Não era a primeira vez que ele havia sido selecionado para interpretar um personagem descrito num livro como impressionantemente atraente. Interpretou o personagem Cedrico Diggory, um estudante dois anos à frente de Potter na casa Lufa-Lufa, em *Harry Potter*. Nos livros de Rowling, ele é descrito como "absurdamente lindo". Pattinson admite que interpretar esse tipo de papel pode ser um pouco desconcertante.

Pattinson gostou de ler *Crepúsculo* e os outros livros da série, mas naturalmente achou tal experiência um tanto estranha, pois sabia que estava prestes a retratar o herói nos cinemas, na frente de milhões. "Não os li por inteiro antes de pegar o roteiro. Fui fazer meu teste em frente às câmeras, tive o fim de semana anterior ao meu próximo encontro, e li todos eles. Obviamente, gostei muito deles, mas é sempre estranho ler um livro sabendo que aquele papel será meu. É lido num contexto completamente diferente."

Ele temeu que o livro pudesse ter uma adaptação muito "cafona". "Apenas pensei que o filme poderia ficar bobinho", ele disse, "mas [Kristen] realmente me impressionou quando fui à audição."

Pattinson não era a primeira escolha pessoal de Stephenie, mas gostou de saber que ele faria o papel. "Estou encantada com a escolha da Summit para Edward", anunciou. "Existem muito poucos atores que conseguem parecer, ao mesmo tempo, perigosos e belos, e ainda menos aqueles que consigo imaginar em minha cabeça como sendo Edward. Robert Pattinson será fantástico."

Não que ela soubesse quem ele era inicialmente. "Eles me disseram que tinham arranjado esse rapaz e que seria interessante. Então pesquisei por ele no Google e pensei: 'OK! Este pode dar certo!' Daí o vi vestido de acordo e ele era exatamente o Edward que vi em minha mente."

Porém, ela é franca sobre como se sentiu imediatamente após descobrir que ele havia sido selecionado para o elenco. "Quando descobri que o papel de Edward havia sido dado a Robert Pattinson, foi um momento terrível para mim", lembra Stephenie. "Edward existia em minha mente; tinha um rosto, um sorriso. Estava realmente cética a respeito. Mas quando o vi, fui imediatamente conquistada. Posso entender por que as garotas ficam tão atraídas por ele. Robert Pattinson fez um trabalho incrível e impressionante. Ele é exatamente como imaginei Edward."

Os primeiros encontros de Stephenie com o elenco foram surreais, para dizer o mínimo – acalorados, também, de vez em quando. "Antes das gravações começarem, apenas cheguei e conheci todo mundo", ela recorda. "Com Rob, sentamo-nos e conversamos sobre o personagem de Edward. Não era uma discussão, mas, realmente, discordamos sobre seu personagem. Eu disse, 'Não, não é assim que é.' Ele disse, 'Não, é exatamente assim.' E a parte engraçada disso tudo é que estávamos discutindo sobre um personagem fictício, mesmo assim, na hora de gravar, ele fez do jeito que ele queria e era exatamente do jeito que eu queria. Então, aquilo foi muito legal."

Ela ficou surpresa pela personalidade dele. "Ele é uma pessoa muito encantadora de se estar por perto", ela disse. "Ele tem uma personalidade muito persuasiva."

Pattinson é um galã para as garotas do mundo todo – será que Stephenie jamais pensaria em sair com ele? "Acho que você não ia querê-lo como namorado", ela disse. "E não dá apenas para ser sua amiga, pois ele é terrivelmente sexy!"

Da mesma forma que Stephenie ficou impressionada com Pattinson, ele ficou contente pela escolha de sua colega protagonista, Stewart. "Quando conheci Kristen," ele disse, "houve uma química instantânea. Ela trouxe algo de dentro de mim que nem consigo explicar."

Com as gravações em andamento, ela viu o elenco com o figurino. "Foi realmente surreal", lembra. "A primeira noite que estive no *set*, fui ao jantar em que conheceria todos do elenco pela primeira vez. Vieram diretamente até mim para tirar uma foto, portanto já estavam todos vestidos. E não há nada no mundo igual a sentar-se numa mesa com um monte de gente que interpretam pessoas que você criou. Era simplesmente bizarro. E eles estavam fantásticos. Acho que não consegui comer, pois estava muita agitada e nervosa."

Uma vez que o processo de seleção do elenco estava completo, o produtor Greg Mooradian disse que as ideias dos admiradores calorosos que se formaram em torno dos livros de Stephenie foram levadas em conta durante o processo de seleção do elenco. "Nos sites dos fãs, cada um que tivesse lido o livro, já havia selecionado o elenco do filme para você umas vinte vezes. Realmente, demos umas olhadas nas ideias e decidimos que, já que nunca agradaríamos a todos, o que tínhamos de fazer era seguir nossos instintos. Os atores selecionados foram os que sentimos que estavam mais incorporados ao personagem. Levou uma eternidade para selecionar os atores deste filme, mas, uma vez que achamos Bella e todos os Cullen, percebi que, finalmente, tudo daria certo. Quando, realmente, consegui vê-los juntos contracenando, fiquei sem fôlego."

De fato, lembra Mooradian, ele teve uma reação semelhante quando leu pela primeira vez o livro *Crepúsculo*. Aquela leitura, na verdade, aconteceu antes mesmo da publicação do livro, como é praxe no mercado cinematográfico. "Parte do meu trabalho como produtor é vasculhar o mundo em busca de novos materiais", recorda. "Quando esse chegou à minha mesa, simplesmente, não conseguia largá-lo mais. A premissa de uma garota se apaixonando por um vampiro me arrebatou como se tivesse sido atingido por um raio. E o livro se mantinha assim a todo instante."

Ele falou mais sobre sua avaliação de *Crepúsculo*, e como acreditou em seu trabalho, à medida que examinava suas páginas. "Não há como prever a vida de um livro", disse. "Tem que seguir seu instinto. Frequentemente, quando estou lendo um livro jovem-adulto, tenho que imaginar se uma garota de quinze anos poderá gostar ou não. O que chamou minha atenção em minha leitura inicial do manuscrito de *Crepúsculo* foi o quanto gostei dele, o quanto era empolgante, mesmo longe de saber a que tipo de público ele era direcionado. Minha reação me disse que este era mais que um livro para uma garotinha."

"Era um livro ainda não editado de uma escritora estreante. Possuía temas universais, como *Romeu e Julieta*, o qual, certamente, influenciou este livro. Impressionou-me, pois era uma premissa de um grande filme – parece com a ótima ideia que ninguém nunca teve. Mas, naquele momento, não tinha como prever que todas as garotas da América iam se sentir ligadas emocionalmente a ele da forma como aconteceu, e que isso se tornaria um hino para a juventude mais do que qualquer coisa na cultura contemporânea."

Stephenie, também, sempre sentiu que o livro tinha um forte apelo cinematográfico. "Enquanto escrevia o livro, via-o como se fosse um filme. Foi uma experiência extremamente visual, então eu realmente queria torná-lo real."

Porém, ao começar a trazê-lo à realidade, será que o elenco reunido incorporou sua visão? "Sim", ela confirmou. "Se alguém tivesse me levado até lá e dissesse: 'Temos uma sala cheia de seus personagens – vejamos se você pode nomeá-los', teria sido tão fácil. Mas ficava claro distingui-los em seus papéis. Acho que a atuação nesse filme é algo especial. É fantástico. Muitos desses rapazes são novos, e são tão bons."

Stephenie pode ter ficado satisfeita, mas nem todos ficaram inicialmente. Longe disso, na verdade. Quando as notícias do elenco vazaram, os fãs de *Crepúsculo* deixaram claro suas opiniões. Muitas delas ficaram centradas na escolha de Robert Pattinson no papel de Edward Cullen. Logo, uma petição *online* foi iniciada por fãs que se opunham a esta seleção. Rapidamente angariou mais de 75.000 assinaturas. Uma piada *online* comentava que ele era a escolha errada, pois parecia com um gárgula. Ele soube de toda essa oposição por intermédio de sua mãe, que diariamente pesquisava na internet o seu nome, e mandou-lhe por e-mail *links* de todas essas páginas. Deve ter sido perturbador saber de tudo isso, mas, para cada fã que se opunha à escolha dele, outra estava avidamente a seu favor. Ficou surpreendido pela força dos fãs de *Crepúsculo*. "Apenas me frustra", disse. "É bom, pelo menos."

Hardwicke lembra bem da reação: "As pessoas mandavam e-mails: 'Ele é revoltante! Ele é nojento! Ele não pode ser Edward!'"

As visões de Stephenie sobre o andamento do trabalho nunca eram expressas dessa maneira, mas, igualmente, havia momentos de inevitável tensão entre autor e produtor, durante o processo. "Todos já vimos livros arruinados quando transformados em filmes, e eu tinha um monte de coisas que queria proteger. Minhas condições eram bem simples: 'Não matar no filme algum personagem que não morre no livro. Os Cullen têm que ter seus nomes iguais aos do livro'. Coisas assim".

Com o trabalho em andamento, o único momento em que Stephenie, realmente, punha seus pés no chão, era durante o processo de seleção do elenco. Ela insistia na questão de que Kellan Lutz fosse escolhido para o papel de Emmett. "Minha personalidade é tão forte, que eu acabo passando por uns bons bocados sendo crítica com outras pessoas", disse. "Posso ser bem crítica comigo mesma durante o dia todo, mas detesto ter que chegar para alguém e dizer, 'Gostaria, de verdade, que isso fosse diferente.' Porém, tem sido bom para mim, em geral, ter que expor minhas ideias, pois sou muito dedicada. Forcei-me a, como na situação de Emmett, dar um passo a frente e dizer, 'Não gosto disso'. É duro para mim, mas fico feliz por todas as vezes que fiz isso, e não acho que me impus tanto assim, pois todo mundo ainda parece gostar de mim."

Enquanto o filme estava sendo feito, o exército de fãs de *Crepúsculo* acompanhava todos os procedimentos, o mais perto que podiam. O processo inteiro foi sendo dissecado antes mesmo de o filme ser lançado. Eis aqui a prova da pressão sob a qual todos os envolvidos estavam. Os admiradores de *Crepúsculo* não aceitariam nada além do melhor para a versão das telas. Alguns deles até tentaram conseguir uma ponta no filme. A Fundação Make-A-Wish é uma instituição que torna os sonhos de jovens em realidade. É utilizada para fazer com que tais sonhos se tornem realidade e se estabeleçam na vida real dessas pessoas, mas, enquanto o filme ainda estava em produção, recebia pedidos voltados ao filme *Crepúsculo*. Entre eles estavam pedidos de fãs do *Crepúsculo* para fazerem parte do filme, como figurantes. "Não dá para fazer isso", disse Hardwicke.

O papel de Jacob foi para Taylor Lautner. Ele admitiu que não conhecia a história do *Crepúsculo* quando considerou pela primeira vez interpretar o papel. "É... Esse aí é dos grandes", disse-lhe seu agente. Lautner respondeu, "Nunca ouvi falar." Quando soube que era baseado num livro, ele perguntou qual o tamanho dele. "Daí, fui dar uma checada... foi, simplesmente, surpreendente", ele disse sobre a popularidade do livro de Stephenie. De repente, ele ficou nervoso, percebendo a pressão e agitação que haveria em torno do papel. "Oh, meu Deus!" ele disse a si mesmo. "Onde é que estou me metendo? Isso é uma guinada e tanto na vida!"

Ao vasculhar a internet e perceber a magnitude e a paixão dos fãs de *Crepúsculo*, ele ficou absolutamente determinado para incorporar o papel – e ficou empolgado por isso. Sentiu que seria um grande sucesso na telona, na qual seu apelo seria muito maior que nas páginas impressas. "O que tentamos fazer com o filme foi adicionar um pouco mais de ação e terror. Então agora é para todo mundo", disse ele.

Embora as estrelas do filme fossem os personagens de Pattinson e Stewart, para Stephenie o papel de Jacob é muito importante, de fato. Cada vez mais, ela ficou afeiçoada a ele. "Jacob é um garoto comum que acaba tendo que lidar com coisas extraordinárias para as quais ainda não estava preparado. Amo Jacob, porque ele é um garoto e tanto de dezesseis anos. Amo-o como personagem. Ele se tornou um grande papel na história. Sempre estive rodeada por garotos, por causa de meus filhos, meus irmãos, meu pai e tios, então foi muito familiar escrever sobre ele."

Para muitos Twihards, os dois "machos" – Edward e Jacob – são rivais. Muitos fãs polarizaram-se em dois grupos: Time do Edward e Time do Jacob. No entanto, para Stephenie, há muito em comum entre os dois. "Jacob e Edward são semelhantes na questão de que ambos querem ser boas pessoas. Eles tentam fazer seu melhor para realizar tudo aquilo que é importante para eles."

Outra pessoa chamada para o elenco – embora tenha tido um papel bem pequeno – foi a própria Stephenie. Ela concordou em fazer uma ponta no filme e lhe foi dado o papel de uma personagem num jantar. Apesar de ter sido preciso ser convencida. "Não foi minha ideia fazer a ponta", ela disse. "Eles me persuadiram. Acharam que seria, sei lá, bonitinho para os fãs, pois a maioria deles iria me reconhecer. Fiquei imaginando que seria uma coisa meio 'Onde está Wally?'. Como se eu fosse andar por um segundo em meio a uma multidão e, se conseguir me achar, legal. É aquele tipo de cena que ficaria feliz em cortar do filme – os cinco primeiros segundos eu teria que assistir, meio que, assim [cobrindo seus olhos], 'E aí, já acabou?' Foi bem difícil para mim."

Originalmente, seria dado a ela um papel com falas, dela pedindo por um prato vegetariano. Stephenie temeu, porém, que esse seria um grande passo. Portanto, em vez disso, foi-lhe somente servido o prato, sem falas. "Como seria horrível se tivesse esse momento, em que sou tão terrível, que atrairia a atenção de todo mundo, esvaindo-se todo o suspense da coisa, e todos ficariam meio que, 'Nossa, como ela é ruim!'?" ela disse.

Existem inúmeros exemplos de escritores que aparecem em filmes, em geral. A escritora e poeta, Dorothy Parker, apareceu em *Saboteur*, nos anos 1940; Gore Vidal pode ser visto em *Gattaca*; o gigante do terror, Stephen King, está em vários filmes, incluindo *Maximum Overdrive*; e Truman Capote aparece de relance no Central Park, em Nova York, na fantástica comédia de Woody Allen, *Annie Hall*. Já Salman Rushdie participou do *Diário de Bridget Jones* e de *Quando me Apaixono*.

Assim como pediu aos produtores por uma mudança em sua própria cena, Stephenie também pediu para uma das cenas mais cruciais do filme ser regravada. A cena do beijo entre Edward e Bella é fundamental não apenas na narrativa de *Crepúsculo*, mas em todas as quatro partes. Quando ela viu toda a filmagem da cena, Stephenie achou o beijo muito cheio de energia. Não só foi contra sua preferência para que a história de *Crepúsculo* fosse mais recatada nos aspectos sexuais, mas ela também sentiu que estava muito cedo na saga para tamanha intensidade. "O problema é que se vai ter uma sequência com outros filmes", disse, "existe uma construção gradual da relação física deles".

Uma vez que o filme havia sido concluído – ou *wrapped* (encerrado), na gíria dos filmes – era hora de sentar-se e aguardar a reação dos críticos e público. "Esses livros possuem todos os elementos de um sucesso totalmente satisfatório", disse a editora Megan Tingley. E como ela provou estar certa!

Ainda assim, uma das primeiras respostas da mídia foi negativa – chegou a ser bizarra. "Provavelmente, não tem nada de bom", escreveu o crítico de cinema Josh Tyler. "Na verdade, parece com um daqueles filmes descartáveis feitos para DVD, mas seus fãs são tão viciados nos livros, que estão fazendo filas em rebanho para vê-lo. De fato, a coisa já está vendendo muito (...) Os 'Twekkies' irão às ruas em peso para ver essa coisa na sexta-feira. A questão é: alguém mais vai? Os trailers parecem terríveis e não conheço ninguém que não tenha lido os livros que está, até mesmo remotamente, interessado em vê-lo."

Ele deve estar ruminando suas palavras até hoje. Uma previsão mais otimista foi feita pela jornalista Moira Macdonald, que escreve para o *Seattle Times*. "Meyer, apesar de sua eventual tendência por uma prosa rebuscada, cria vividamente um mundo de romance gótico, à beira do perigo, o tipo exato no qual garotas que adoram uma leitura têm, há tempos, se perdido apaixonadamente em tardes chuvosas (...) Para o filme, parece que a audiência de Titanic já está em seus lugares: de acordo com uma pesquisa da Movietickets.com com cerca de 2.000 frequentadores de cinemas, três a cada quatro mulheres disseram que estão planejando ir a uma sessão de *Crepúsculo* em seu primeiro final de semana, assim como 77% daqueles pesquisados abaixo dos 25 anos (...) Porém, se o filme for tão atraente quanto o romance misterioso e o suspense de tirar o fôlego de Meyer (...), haverá longas filas nos "multiplexes" por algum tempo. Porque garotas pré-adolescentes e adolescentes – e, às vezes, seus acompanhantes adultos – gostam de rever suas histórias favoritas, uma vez após a outra."

Portanto, havia muitos motivos para otimismo e empolgação na noite de estreia em Hollywood, no dia 17 de novembro de 2008. Stephenie vestiu um vestido branco e preto até os tornozelos naquela noite. Ela causou o mesmo frenesi que o elenco quando pisou no tapete vermelho e sorriu para os fotógrafos. Estava com um humor jubiloso. "Acho que nenhum outro escritor teve uma experiência tão gratificante com os produtores de seu filme adaptado quanto eu", ela disse. Elogiando as atuações do elenco, destacou Pattinson por ter conquistado os Twihards que tanto duvidaram quanto à sua escolha para o elenco. "Acho que todos se 'acaloraram' bem rápido", disse ela. "Um pouco disso é seu quê britânico, seu charme, e outro tanto é porque ele é lindo de morrer."

Concluídas a estreia e algumas das festividades associadas, agora era hora de o filme ser mostrado ao grande público. Alguns previram que seria um fiasco; outros estavam convencidos de que iria decolar. Qual previsão provaria estar certa naquela noite?

As filas nos cinemas no fim de semana de abertura eram, de fato, longas. Abriu com uma série de apresentações especiais à meia-noite, as quais já haviam esgotado há muito tempo. Durante o fim de semana de estreia, o filme sozinho arrecadou mais de US$70 milhões, mais que o dobro do que custou para fazê-lo. Os analistas da indústria do cinema ficaram surpresos por tais valores. O consenso era que atingiria, no máximo, US$60 milhões, pois iria atrair, primariamente, apenas espectadoras. Contudo, excedera suas mais absurdas expectativas. No dia seguinte da estreia, a Summit Entertainment anunciou que estava planejado levar a sequência de *Crepúsculo, Lua Nova*, para as telas também. Então, no geral, um final de semana triunfante para Stephenie.

Desta vez, a visão dos críticos não iria confrontar diretamente com ela. Afinal, o filme foi o trabalho de outros. Mesmo assim, ela os acompanhava com interesse. Manohla Dargis, do *New York Times*, estava dividida com o filme. "É amor à primeira vista, em vez de à primeira mordida, em *Crepúsculo*, um romance de vampiros profundamente sincero, puramente ingênuo, em um ambiente abstinente bom-mas-nem-tanto (...) Essa adaptação carinhosamente fiel traça suspiros e sussurros, os olhares tímidos e furiosos de dois amantes adolescentes incomuns, que caem nos braços extremamente pálidos um do outro, em meio a hormônios em ebulição, instintos coléricos e dramas (muito confusos) colegiais."

Owen Gleiberman, da *Entertainment Weekly*, discordou, particularmente, do ponto de vista de Stephenie. Ele disse, "O que Hardwicke não vai superar é o enredo apagado do livro. Nas telas, *Crepúsculo* é repetitivo e um pouco 'encharcado', muito prosaico, para realmente decolar. Mas Hardwicke agita essa sensação adolescente a um fervor agradável."

O *Washington Times* concluiu, "É difícil não ser sugado – se puder superar os, às vezes, artificiais e melodramáticos diálogos adolescentes. Esse é o primeiro de uma longa jornada dos filmes de *Crepúsculo* (...) e questões intrigantes permanecem."

Na Inglaterra, a resposta foi mais otimista, particularmente pela perspectiva de Stephenie. Sukhdev Sandhu, do *Daily Telegraph*, tinha um tom de aprovação pelo filme e a forma como ele captou a contenção antiquada do livro de Stephenie. "Assisti *Crepúsculo* numa sala de cinema cheia de garotinhas que, quando não estavam mandando mensagens de texto para suas amigas e entornando refrigerantes, davam risadinhas, suspiravam e exalavam uma verdadeira paixão emocional."

Sandhu não foi o único a assistir o filme numa sala lotada. Após um intenso fim de semana de estreia, os fãs continuavam chegando. Richie Fay, presidente de distribuição da Summit, disse, "Com certeza, isso excedeu nossas expectativas de longe. A multidão de fãs era imensa."

Com o livro nas telas, Stephenie tinha que se acostumar com uma ascensão dramática da *Crepúsculo*-mania, assim como seu elenco. Pattinson apareceu em uma loja de DVD no dia que o filme foi lançado nesse formato. Ele ficou chocado de ver as pessoas formando filas para comprá-lo, algumas em lágrimas. Seu 23º aniversário foi comemorado por fãs. Por causa disso, ele reconhece o carinho e a empolgação das fãs de *Crepúsculo*. "Há esse tipo estranho de ligação que algumas têm com os livros", ele disse quanto ao trabalho de Stephenie. "Ele chega a ser bem extremo. Acho que existem fãs de *Harry Potter* (...) que são da mesma forma, mas acho que essa história é tão íntima que as pessoas acham que realmente conhecem os personagens e podem sentir a emoção."

Durante a preparação para acolher milhares de gritos histéricos de fãs em estreias e outros eventos, Pattinson se veste de acordo. "Sempre me vejo vestindo muitas camadas de roupa, pois assim ninguém vê que estou hiperventilando – essa é uma boa técnica de preparação", ele disse à BBC. Por ora, diz, ele está confortável o bastante com a fama que o romance de Stephenie trouxe-lhe por intermédio do filme. "Sempre há lugares onde podemos desaparecer. Envolve apenas um pouco mais de tempo para pensar. Não dá para simplesmente ficar andando por aí, pensando na vida", ele diz. "Ainda é uma grande novidade, mas, se eu ainda estiver trancado em quartos de hotel daqui há dez anos, e ainda não tiver descoberto nenhuma outra forma a não ser me esconder, aí sim, provavelmente ficarei um pouco irritado."

Adquirir seu merecido estrelato por *Crepúsculo*, provou ser uma experiência "montanha-russa" para o ator. Após fazer uma audição sob o efeito de Valium, conseguiu o papel, mas, como vimos, sua escolha para o elenco foi contestada imediatamente por muitos fãs e, até, inicialmente, desapontou a própria Stephenie. Mas, rapidamente, conquistou-a e também os fãs – mas não antes do retrocesso anteriormente citado, uma ocorrência que Stephenie disse ter "ferido seu coração". Ela estava preocupada com o efeito que o frenesi teria em Pattinson, demonstrando um grau de responsabilidade pessoal muito grande. "Por ter vivido meus quinze minutos de fama, sei o quão dolorosas essas coisas podem ser", ela disse. "Peço desculpas a ele por ter arruinado sua vida. Ele disse que sua mãe estava lhe mandando links como, 'Ah não, eles o chamaram de gárgula.' Eles simplesmente o detonaram, mas a maneira que ele absorveu isso tudo foi muito mais positiva do que o jeito com o qual eu lidaria. Ele foi meio que, 'Vou provar que eles estão errados. Vou lá fora e provar que estão errados.'"

Com o primeiro romance da saga *Crepúsculo* fazendo sucesso no cinema e com mais adaptações por vir, era hora para um novo romance de Stephenie. Desta vez não teria nada a ver com Bella, Edward e romance de vampiros. Se alguém ainda achava que o talento e abrangência dessa escritora eram unidimensionais, ela estava pronta para provar o contrário.

Capítulo Seis

A HOSPEDEIRA.

COMO VIMOS ANTES, QUANDO ERA UMA CRIANÇA, Stephenie Meyer costumava animar as longas viagens de carro da família ao contar histórias a seus pais e irmãos. Quando adulta, ela também pensou em uma cena chave para a série *Crepúsculo* enquanto estava atrás do volante. As longas e torturantes horas nas estradas da América provaram-se solos férteis para sua imaginação naquela época. Em sua vida adulta isso não mudou de maneira alguma. Ela ainda acha que viagens de carro podem provê-la de grande inspiração e foi uma dessas experiências que a muniram para a história que a levou das prateleiras jovens-adultas para as adultas, pela primeira vez.

Crepúsculo veio a Stephenie durante seu sono, mas o conceito para *A Hospedeira* apareceu-lhe quando estava bem acordada, dirigindo através do deserto do Arizona. "A semente de pensamento que se tornou *A Hospedeira* foi inspirada por um absoluto tédio", ela lembra. "Estava dirigindo de Phoenix a Salt Lake City, através de um dos mais monótonos e repetitivos desertos do mundo. Era um percurso pelo qual eu já passara muitas vezes, e uma das maneiras com a qual tento me manter sã, é contando histórias para mim mesma."

Seus filhos estavam sentados no banco de trás, assistindo um filme no DVD player do carro. Stephenie se manteve fiel a um hobby que ela começou ainda quando criança, durante aquelas longas viagens de família para visitar os avós em Utah. Ela inventava histórias em sua cabeça e contava-as em voz alta para a família. Quanto a isso, ela não mudou nada, mas esta aqui estava para se tornar algo mais que uma brincadeira que seria rapidamente esquecida, só para distrair-se em uma viagem.

Então esse foi o local físico para a inspiração, mas, em relação a de onde veio desde o interior de sua psique, Stephenie fica ainda mais perplexa. "Não faço ideia do que fez surgir o estranho alicerce para uma alienígena que se apodera de corpos e se apaixona pelo namorado da hospedeira", ela confessa. "Dava para ver que havia algo de estimulante na ideia de um triângulo amoroso tão complexo."

Assim, tendo sido inspirada durante sua viagem pelo deserto, ela pegou um caderno e rascunhou um esboço básico da trama para a história. Ela usa uma metáfora do cinema para explicar como o processo de inspiração surge e o encaminha. "Bom, é como se pegasse essa semente da história, com alguns pontos muito bons que poderiam funcionar de diferentes maneiras", ela diz. "É como a explosão de uma semente de pipoca. Pega-se essa coisinha com tanto potencial (...) e ela se expande bem na sua frente."

Expandir é a palavra chave, pois a história que ela estava prestes a escrever passaria de 600 páginas. Alguns que o leram reclamariam que o livro era muito longo, e a história contada era muito lenta.

Como foi em *Crepúsculo*, ela ficava entusiasmada para conseguir trabalhar assim que podia. Sempre temerosa com o princípio de falta de memória que, às vezes, chega à medida que os anos vão passando, ela seguiu a fórmula de muitos autores de sucesso – no momento em que se fica agarrado, sem inspiração, tenha certeza de anotar a ideia em um papel da melhor forma possível. Rabiscava o máximo que tinha em mente e esperava a chance para voltar ao computador. Logo, ela começara a montar a história de maneira apropriada. A esta altura, esse deveria ser só um projeto paralelo em que ela poderia trabalhar para sua própria diversão, como uma distração do processo editorial da série *Crepúsculo* que tomava muito do seu tempo. "Mas acabou virando uma coisa da qual eu não podia mais fugir até que estivesse pronta", disse.

"*A Hospedeira* é só uma história que me diverti contando a mim mesma. Meu entretenimento pessoal é sempre a chave para o porquê de uma história ser concluída. Nunca penso em outra audiência a não ser eu mesma, enquanto escrevo; isso pode se tornar um livro depois."

Aqueles que desejam se tornar a próxima Stephenie Meyer deveriam anotar e utilizar esse *modus operandi*: escrever para si mesmo e divertir-se com o processo, acima de tudo. "Se você ama escrever, então escreva", ela aconselha. "Não deixe sua meta se limitar a ter seu livro publicado: faça com que sua meta seja gostar de histórias."

Então, como ela resumiria essa nova história que acabara de escrever? "É uma ficção científica para pessoas que não gostam de ficção científica", disse sobre *A Hospedeira*. Uma das coisas que ela mais detesta é prover sinopses para uma história que acabara de escrever. Ela admite que a concisão não seja um dos seus pontos mais fortes. Contudo, ela teve um *insight* ao resumir a história de *A Hospedeira* para a MTV.

"Basicamente, a forma mais fácil para as pessoas entenderem sem complicações é que esse é um *Vampiros da Noite*, se os alienígenas tivessem vencido", ela disse. "Isso dá uma noção do horror, mas esses ladrões de corpos são tão ternos e bondosos, e o mundo é um lugar tão melhor enquanto eles estão no comando que se torna difícil impedir sua colonização. Então, há a [história] principal – que as pessoas não desistem mesmo após [seus corpos] terem sido tomados como hospedeiros – e há duas entidades em apenas um corpo para ser dividido entre eles."

O livro começa com o poema "Pergunta", de May Swenson, como uma epígrafe. Swenson (1913-1989) foi uma poetisa americana que, como Stephenie, cresceu num lar mórmon. Diferentemente de Stephenie, porém, seu trabalho vai além das barreiras do puritanismo induzido pelo Mormonismo e é frequentemente erótica, com temas lésbicos. "Pergunta", contudo, questiona como seria possível sobreviver sem o próprio corpo – um tema altamente relevante para a história.

E essa história começa com o leitor sendo apresentado a Melanie Stryder, que é o corpo humano no qual a alma invasora reside. Stephenie diz que o fato do nome da heroína quase rimar com o dela é mera coincidência. "Não, não foi de propósito", ela diz. "Com nomes, para personagens humanos que não possuem mais de cem anos de idade, tendo a procurar por pessoas à minha volta. Melanie é uma das minhas primas, e Stryder é, na verdade, alguém que conheci no ensino médio."

Melanie e a alma invasora têm uma aventura e tanto no decorrer da história, a qual foi uma nova experiência para Stephenie compilar: novos personagens, novo público alvo e uma nova trama. Ao escrever *A Hospedeira*, o maior desafio para Stephenie foi o constante diálogo interno entre Peregrina, a alma, e Melanie, o corpo hospedeiro. Diálogos podem ser uma tarefa desafiadora para qualquer escritor. Ao estabelecer tal premissa para *A Hospedeira*, terá Stephenie tornado seu trabalho muito mais difícil aqui? Nem tanto, ela diz.

"Peregrina e Melanie eram personalidades muito distintas desde o primeiro dia; mantê-las separadas nunca foi um problema. Melanie é a vítima – ela é com quem nós humanos deveríamos nos identificar; ao mesmo tempo, ela não é sempre a personagem mais admirável. Ela pode ficar com raiva, violenta e sem escrúpulos. Peregrina é aquela que ataca, a ladra. Não é como nós, nem mesmo um membro de nossa espécie. Contudo, ela é alguém que, ao menos, eu gostaria de me parecer mais. É uma pessoa melhor que Melanie em muitos aspectos, e ainda assim uma pessoa mais fraca. As diferenças entre as duas principais personagens são todo o propósito da história. Se elas não fossem tão distintas, não haveria motivo para escrever."

Parece fácil quando ela explica assim, mas suspeita-se que a maioria das pessoas acharia isso uma experiência muito mais desafiadora. Esse não foi o aspecto da história que confundiu alguns observadores. O que Stephenie quis dizer quando ela descreveu surpreendentemente *A Hospedeira* como "uma ficção científica para pessoas que não gostam de ficção científica"? "Ao ler *A Hospedeira* não parece que você está lendo ficção científica", explicou a autora. "O mundo é familiar, o corpo no qual a narradora fica se movendo por dentro é familiar, as emoções nos rostos das pessoas em volta são familiares. É muito ambientado neste mundo, com algumas pequenas diferenças-chave. Se não fosse pelo fato de que histórias alienígenas são por definição ficção científica, eu não o classificaria neste gênero."

Acrescentou ainda que houve algumas semelhanças temáticas entre *A Hospedeira* e a série *Crepúsculo*, mas essencialmente eles permaneceram distintos. "A única coisa que é similar é meu estilo e foco. É sobre as pessoas. Não é sobre a invasão alienígena ou ficção científica, mesmo. Esse livro é da mesma maneira que os outros livros: não se trata de terror ou de vampiros, são apenas sobre pessoas. Mas nada mais, mesmo. É um mundo completamente diferente."

Algumas pessoas rapidamente traçaram comparações entre *A Hospedeira* e *A Bússola de Ouro*, de Philip Pullman. Perguntada se sua história havia sido traçada nas mesmas linhas, Stephenie foi insistente ao negar. "Realmente não é. Eu, de fato, li *A Bússola de Ouro* (...) recentemente e é fascinante. Mas este é realmente diferente. Estes são alienígenas – e, uma vez que eles estão dentro, as pessoas ficam de fora. Portanto, não é aquela mesma relação simbiótica."

No entanto, Lev Grossman traçou um paralelo entre *A Hospedeira* e a série *Crepúsculo* no perfil da revista *Time* sobre Stephenie. "Como *Crepúsculo*, *A Hospedeira* é um arranjo excêntrico – duas garotas em um corpo! – interpretado de forma absolutamente clara", ele escreveu.

Embora *Crepúsculo* tenha sido muito direcionado ao público leitor jovem-adulto, acabou sendo devorado por leitores adultos também. *A Hospedeira* também cruzou os limites, mas no sentido inverso – da sua audiência adulta, em princípio, para a jovem-adulta. Stephenie sempre soube que isso aconteceria.

"Sei que meu público leitor terá um grande interesse quanto ao lançamento de *A Hospedeira*", ela disse na época da publicação. "Não tenho dúvidas de que eles continuarão a fazer parte da minha principal audiência. Adoro confundir as bolas entre os diferentes gêneros e categorias, pois, em minha mente, um bom livro não se encaixa nos padrões. Espero que *A Hospedeira* continue a fazer o que a saga *Crepúsculo* está fazendo: mostrando que uma boa história não pertence a ninguém demograficamente."

Como sempre, Stephenie ficou muito focada e vinculada aos personagens de sua história, e discutiu sobre eles na época da publicação. "As duas personagens principais que estão dividindo um corpo têm coisas que eu queria ser e coisas que não (...) Temos Melanie, que é realmente forte fisicamente – e eu gostaria de ser como ela, pois pode fazer qualquer coisa. Ela também é forte emocionalmente, então consegue lidar com qualquer assunto. Porém, pode também ser muito má. Enquanto que Peregrina, a outra personalidade, é totalmente compassiva, não pode, de maneira alguma, ferir outra pessoa, e é tão bondosa quanto eu gostaria de ser. Mas ela é fraca, também (...) Portanto, ambas possuem coisas que quero e coisas que não queria ter."

Com Bella em *Crepúsculo*, Stephenie desejava que ela pudesse ter sido sua amiga; com Melanie, ela gostaria de ser ela, assim como com Peregrina.

Então, de que se trata toda essa história, senão de qualquer coisa? Haveria um tema ou mensagem geral? Como ela disse à revista *Vogue*, a mensagem por trás da história é uma das maiores preocupações do século XXI: a imagem do corpo. Parece que é algo com que ela se agarrou, mas, também, algo que ela pôs em maior evidência, por ter escrito *A Hospedeira*.

"Não sou crítica dos outros, mas sou uma grande crítica de mim mesma", ela diz. "Quando estava trabalhando nisso, ficava imaginando que dom é esse de se ter um corpo, e realmente o amo, e isso era bom para mim, eu acho."

Outro ângulo que ela gostou de explorar ao escrever *A Hospedeira* foi o do amor. "Conseguir explorar o amor a partir de tantos ângulos diferentes" tocou-a, ela disse. "Amor pela comunidade, por si mesma, pela família – amor romântico e platônico." Mais tarde, acrescentou, "Uma das coisas que acho realmente legais de se explorar é a ideia do amor. Gosto de olhar para minha própria vida, meus amigos, minha família e ver como o amor muda quem somos. Simplesmente me fascina."

Ela estava otimista que atingiria o público leitor, incluindo os admiradores de seu trabalho, apesar das diferenças em relação aos livros anteriores. "É, definitivamente, uma partida, no sentido de que é um novo ambiente de personagens em minha cabeça", ela disse. "Acho que meus leitores cativos ficarão confortáveis com isso; eles entrarão no ritmo e descobrirão minha personalidade ali."

O manuscrito foi leiloado entre diferentes editoras, e, naturalmente, houve uma luta feroz por ele. Ela acabou vendendo-o à Sphere por US$600 mil. A impressão inicial foi de meio milhão de cópias – refletindo a confiança que o editor tinha no romance. A confiança era justificada. A loja Amazon.com, nomeou-o um de seus livros do mês de maio, um enormemente influente endosso para as vendas *online*. Ficou lado a lado com *Nixonland*, de Rick Perlstein, *A Case of Exploding Mangoes*, de Mohammed Hanif e *Beijing Coma*, de Ma Jian. O resenha era, naturalmente, muito positiva. "*A Hospedeira* é descaradamente romântico, e os personagens (humano e alienígena) genuinamente amáveis. Leitores intrigados por esse mundo 'familiar, mas alienígena' notarão alegremente que o fim da história deixa uma porta aberta para uma sequência – ou outra série."

As reportagens eram – como é frequente em seu trabalho – uma mistura de tudo. Carol Memmott resenhou o livro para o jornal *USA Today*. "*A Hospedeira* é *Arquivo X* encontrando com *Days of Our Lives*", ela disse. "Apesar de alguns diálogos melosos, a história e os personagens de Meyer irão atiçar fãs tanto de ficção científica quanto de romance. Diferente das histórias clássicas de humanos *versus* alienígenas, nas quais criaturas com aparências desprezíveis (pense em *Alien*) são a norma, Meyer oferece alienígenas tão dóceis que fica o pensamento de como é que eles conseguiram tomar a Terra. Ainda assim, o efeito é aterrorizante."

Jeff Giles, da *Entertainment Weekly*, achou que o livro teve seus momentos bons, particularmente quando vai chegando ao final. "Assim como é sua série *Crepúsculo*, Meyer atém-se mais a relacionamentos que a gêneros flamejantes convencionais", escreveu Giles. Após perder-se um pouco pelo caminho, diminuindo muito o ritmo, ele acredita, a história retomou seu curso ao chegar ao fim. "*A Hospedeira* começa a acelerar novamente nas últimas cem páginas e a lição afirmativa de vida de Meyer é desconcertante. Se o resto do livro tivesse tanta alma, seria perfeito."

Olivera Baumgartner-Jackson ficou, inicialmente, perturbada pelo livro. Pareceu muito longo, ela disse, e a premissa da história, como esboçada na contracapa, aparentou ser pouco inspiradora. Contudo, a conclusão dos críticos da *Bookwatch* soou como música aos ouvidos de Stephenie. "*A Hospedeira*, de Stephenie Meyer, é uma prova de que não se deve julgar um livro por sua contracapa. Se eu tivesse me deixado levar pela sinopse da história, como descrito lá, teria perdido uma leitura incrivelmente interessante, instigadora e fascinante. Quanto às mais de 600 páginas, tudo que tenho a dizer nesse momento é que espero que a sequência – e espero mesmo que haja uma! – seja, no mínimo, desse tamanho."

Elogiou, sim, embora o *Las Vegas Review Journal* tenha sido menos entusiástico. "*A Hospedeira* tem o estilo distinto de Meyer – narrativa em primeira pessoa com riqueza de detalhes – ao contar uma história na qual o conflito principal só é conhecido após centenas de páginas terem passado. Apenas gostaria que tivesse esperado até a série *Crepúsculo* ter terminado para escrevê-lo. *A Hospedeira* é uma leitura agradável, um livro instigante que, como todos os livros de Meyer, falta uma trama e um vilão clássicos. O conflito principal da história não é mostrado abertamente até o leitor ter virado umas 500 páginas, das mais de 600 do livro."

Lev Grossman, da revista *Time*, proveu uma avaliação rica e essencialmente encantada em seu extenso perfil sobre Stephenie. "Como os outros livros de Meyer, *A Hospedeira* trata de amor, escolhas e criaturas semi-humanas. ('Raramente escrevo só sobre humanos', diz Meyer. 'Vê-se humanos por toda parte.') *A Hospedeira* é também ambientado da mesma maneira, gradativamente incandescente, como o outro trabalho de Meyer: enquanto há um beijo ardente, é um estrito 'censura livre'. Mas *A Hospedeira* é uma leitura ainda mais rudimentar – muito do livro se passa em um parco esconderijo da resistência. Ninguém se veste bem. Há romance, mas muito de *A Hospedeira* é sobre as tentativas de Peg [Peregrina se torna conhecida por Peg mais tarde na história] para se adaptar a seus novos colegas humanos de cama, sobre sentir-se só, diferente e mal-amada – literalmente, alienada. Se existe uma fórmula para o trabalho de Meyer, a verdade é: ela reescreve enredos banais de terror na forma de histórias de amor, e, ao fazê-lo, torna-os novos novamente."

Como a comunidade cibernética responderia? Lisa Damian, do Blogcritics.org, pulou até o teto em sua crítica de *A Hospedeira* – e mais um pouco. "Da número um e mais vendida escritora do *New York Times*, Stephenie Meyer, é um livro incitante que beira o impossível parar de ler. É o tipo de livro que me mantém acordada noite adentro, e quando virei a 619ª página, ainda queria mais."

Certamente, um elogio. E ela não havia acabado de expressar seu amor pelo primeiro livro adulto de Stephenie. Damian parecia quase envergonhada por seu próprio entusiasmo por *A Hospedeira*. "Raramente faço elogios tão efusivos numa crítica literária sem algumas observações críticas anexadas, mas o fato é que quando penso em meus livros favoritos de 2008, de longe, *A Hospedeira* está no topo da minha lista."

Ruel S. De Vera, do *Philippine Daily Inquirer* concordou que o livro cruzou as barreiras do público leitor adulto para abarcar um público mais jovem, também. "É, literalmente, o melhor de dois mundos, e Meyer prova que seu sucesso por *Crepúsculo* não foi por acaso", disse De Vera, que chegou a uma conclusão motivadora que Stephenie deve ter gostado imensamente. "Se você gostou do trabalho anterior de Stephenie Meyer, você adorará *A Hospedeira*, um digno trabalho novo de uma criadora que não apenas desafia as expectativas, mas também está navegando por seu próprio caminho desconhecido, ecoando a percepção que Peregrina faz: 'Jamais alguém como eu existiu antes.'"

As críticas eram importantes para Stephenie, que não guarda nenhum segredo sobre seu interesse nelas. Alguns autores dizem nunca ler quaisquer julgamentos de críticos, o que parece improvável em alguns casos. No entanto, Stephenie os lê.

No Reino Unido, a recepção foi menos ardente em alguns aspectos do que foi na América. Keith Brooke, do *Guardian*, foi comedido em sua avaliação. "*A Hospedeira* tende, com muita frequência, tanto ao melodrama quanto ao tédio (...)", ele escreveu. "Quando é bom, o livro funciona bem, e atrairá fãs do imenso sucesso da autora, a série *Crepúsculo*; mas é um pouco mais que um mediano pedaço de entretenimento lúcido do tamanho de um degrau."

Lisa Tuttle, do *The Times*, foi ainda mais depreciativa. "Os alienígenas são descritos de forma tão passiva e facilmente enganada, que sua conquista do planeta Terra é difícil de acreditar, e achei a visão das relações adultas o aspecto mais estranho deste livro, parecido com *Vampiros da Noite*", ela reclamou.

Beth Taylor, do diário nacional do País de Gales, *Western Mail*, não podia discordar mais. Taylor descreveu *A Hospedeira* como "uma leitura cativante que torna importante os comentários sobre amor, amizade e natureza humana".

O crítico do *Derby Evening Telegraph* deleitou-se com *A Hospedeira*, no sentido de que o crítico ainda não tinha lido nada do trabalho anterior de Meyer. "O que é incrível a respeito dele é a escrita mais laboriosa", ele conclui. "Meyer nunca usa uma sentença curta se uma explicação detalhada de mais de duas páginas puder dar conta do recado, o que torna o livro difícil de ser concluído e, de certa forma, mais fácil de ser deixado de lado do que ser pego novamente. É um volume pesado, de mais de 600 páginas, então é preciso seguir num ritmo mais acelerado, se quiser manter a atenção do leitor. Obteve uma porção de críticas delirantes, mas fiquei imaginando se algumas, ou mesmo muitas delas vieram de pessoas que já haviam amado seu trabalho prévio. Quando se chega, sem precedentes, até *A Hospedeira*, como alguém que não gosta muito de ficção científica, achei meio burlesco na premissa (obviamente) e, francamente, não é instigante o bastante para me manter atento ao outro mundo que a autora criou."

Felizmente, o *Daily Mail* deu ao livro um sinal de positivo, dizendo, "Ela pode ainda ser mais conhecida pela série *Crepúsculo*, carregada de angústia, sobre amores perdidos de vampiros adolescentes, mas este ano, Meyer publicou seu primeiro livro para adultos. Ao dar a um tema clássico de ficção científica – ladrões de corpos – uma reviravolta distintamente emocional, ela imagina o que aconteceria ao mundo como consequência de uma invasão bem-sucedida de parasitas alienígenas. O que segue é um, super incomum, triângulo amoroso."

O jornal gratuito *London Lite* também ficou tremendamente impressionado. "Sem originalidade, mas a reviravolta é que a alienígena Peregrina não pode deixar de ouvir os pensamentos de Melanie, cujo corpo ela habita, apaixonando-se por Jared, o homem pelo qual Melanie é obsessiva", escreveu Lauren Paxman. "A leitora não poderá deixar de se apaixonar por Jared, também. Temerosamente viciante."

Portanto, essa foi a resposta crítica para *A Hospedeira*. Num nível mais amplo, Stephenie estava, de fato, dominando o comércio literário na América e no Reino Unido. A revista britânica sobre o mercado editorial, *Bookseller*, documentou essa tendência, logo após o lançamento de *A Hospedeira*. "Editores e varejistas têm muito que agradecer a Stephenie Meyer", disse. "Esse ano, £15 milhões já foram gastos em seus livros na Inglaterra."

Na Austrália, o crítico do *Daily Telegraph*, estava cético com a premissa para *A Hospedeira*, mas sentiu que algumas mudanças renovadas eram importantes. "O exaurido conceito de alienígenas pousando na Terra sem serem detectados, e, calmamente, tomarem conta das formas físicas dos seres humanos, traz uma releitura neste *thriller*", escreveu Lucy Chesterton. "O que o salva de ser mais uma versão de *Vampiros da Noite* é uma premissa sombriamente diferente. A conquista alienígena torna este planeta um lugar melhor do que aquele dominado por humanos."

O compatriota de Chesterton, Terry Oberg, fez uma crítica ao livro para o *Courrier Mail* e tomou um caminho semelhante. "É um conceito deliciosamente aterrorizante, usado inúmeras vezes, até o ponto de se tornar um cansativo clichê", escreveu ele, "mas Meyer vai um passo além. E se os invasores ganharam, e o mundo tornou-se um lugar melhor? E, ainda, o que aconteceria se os poucos sobreviventes dispersos da humanidade testemunhassem essa nova utopia e fossem confrontados com o fato de que, talvez, eles não merecessem o planeta, antes de tudo?" Oberg conclui, "*A Hospedeira* é o melhor da ficção científica – cheio de ideias provocantes e conceitos imaginativos, e livre de tecnologiquês e personagens feitos de papelão. O primeiro livro adulto [de Meyer] foi muito esperado e não desapontará."

É um triângulo amoroso que logo será visto na telona, pois em setembro de 2009 os direitos cinematográficos para *A Hospedeira* foram comprados pelos produtores Nick Wechsler, e Steve e Paula Schwartz. Stephenie não teve poucas ofertas de outros produtores para vender os direitos, mas havia recusado todas até esse momento. Uma variedade de aspectos desta oferta conspirou para sua mudança de ideia. Ficou impressionada, ela diz, com "uma oferta significativa, uma forte visão para o projeto e um espírito colaborativo".

Também ajudou enormemente o fato de Andrew Niccol estar na pauta para escrever o roteiro. Niccol trabalhou recentemente em *Gattaca* e *O Show de Truman*, dois dos filmes de ficção científica favoritos de Stephenie, ambos residindo em sua lista dos cinco melhores *sci-fi*. O contrato estava fechado e o livro *A Hospedeira* seria adaptado para o cinema.

Como a revista *Cinematical* observou, este acontecimento firmaria seu status como a rainha do circuito *nerd*. "Preparem-se, seus *nerds*", escreveu Monika Bartyzel. "Mesmo se esse não chegar à metade do que foi *Crepúsculo*, pode apostar até seu último centavo que a presença dela na Comic Cons [convenção de fãs] continuará a crescer. Quero dizer, ela tem vampiros e alienígenas – ela é simplesmente uma tecnopunk ou maga, rodeada de amor *nerd*."

Mais uma vez, podemos notar aqui o lugar incomum que Stephenie, enquanto mulher, possui no mapa cultural. Há precedentes de escritoras que escreveram histórias sobre vampiros, mais notoriamente, Anne Rice. No entanto, Stephenie ser tal figura-chave no mundo *nerd* e, consequentemente, mais masculino de ficção científica, é, definitivamente, uma esquisitice. Vozes femininas são raras naquele mundo e particularmente, também, naquelas grandes convenções que são uma parte central da vida social do exército de esquisitões. Para Stephenie, ela teve que se ajustar para falar em tais eventos, mas agora até gosta muito deles, ao invés de resistir-lhes.

Ela também curte e se sente mais confiante com seu envolvimento no processo cinematográfico. Para *A Hospedeira*, esse foi um fator bem vindo. "Queríamos Stephenie envolvida na adaptação e tê-la apoiando e sendo parte integrante das decisões criativas", disse Wechsler. *Crepúsculo* "provou que ela sabe mais do que muitos sobre como tudo funciona".

Estava entusiasmada com a adaptação de *Crepúsculo* mesmo com o elenco sendo de atores menos conhecidos, mas para *A Hospedeira* ela sente que eles podem olhar um pouco mais alto na árvore de celebridades. "Com *A Hospedeira*, acho que os atores deveriam ser grandes nome. Isso seria muito legal. Adoraria ver Robert Redford com uma barba para ser Jeb; ele seria incrível (...) Matt Damon tem algumas qualidades Jared-escas. Daí [adoraria ver] Casey Affleck como Ian e Ben Affleck como Kyle. Imagine a interação."

Perguntada sobre qual corpo ela gostaria de invadir, como sempre, a divertida e esquisita Stephenie estava a fim de brincar um pouco com o conceito. "Gostaria muito de ter alguns dias como uma *rock star*, embora eu tivesse que ser secundária – como a baterista do Muse, talvez", ela disse. "Também seria divertido ser linda como Charlize Theron, só por alguns dias."

Recentemente, autorizou uma empresa de pranchas de skate chamada Hobo Skate a produzir uma linha de produtos relacionados com a *A Hospedeira*. Entre eles, incluem-se camisetas e pranchas de skate, e a sempre generosa Stephenie garantiu que obras de caridade sejam beneficiadas pelo empreendimento. "Estamos empolgados por ter Stephenie numa prancha com a Hobo", disse o fundador da empresa, Jared Hancock. "Sua popularidade e sucesso mundiais dá-nos uma enorme ajuda para vender produtos que contribuirão com nossa causa. Uma parte de todas as vendas será destinada à Fundação Hobo, que auxilia famílias sem lar, que foram forçadas a viver nas ruas."

Stephenie também apoiou outras causas caridosas, incluindo o Projeto Book Babe. Em abril de 2009, em Tempe, ela leiloou itens valiosos, incluindo: almoço com Meyer, o vestido vermelho de contas usado na festa local de *Eclipse*, autografou manuscritos de *Eclipse* e *A Hospedeira*, completos, com comentários a caneta feitos por Stephenie e sua editora. O Projeto Book Babe foi para ajudar a amiga de Stephenie – e figura do mercado literário – Faith Hochhalter, diagnosticada com câncer de mama.

"Criamos uma imagem de *A Hospedeira* exatamente como Stephenie Meyer visualizou em sua mente", disse Hancock, com seu co-fundador, Chad Swenson, acrescentando, "Stephenie foi fantástica para se trabalhar. Seus extraordinários talento e imaginação por trás de *A Hospedeira* dão-nos conceitos incríveis do projeto com o qual trabalharíamos. Mesmo com a agenda insana de Stephenie, com as produções dos filmes *Lua Nova* e *Eclipse*, ela trabalhou conosco em cada detalhe para ter certeza que os produtos fossem deslumbrantes."

Com *A Hospedeira* atingindo bem suas metas, ela pode ficar cada vez mais confiante e satisfeita consigo mesma. As pessoas estavam adorando o livro e as perspectivas para o filme eram imensas. Talvez o momento mais gratificante de algum elogio que ela tenha recebido para *A Hospedeira* veio de uma amiga, que disse a Stephenie, "Estou tão orgulhosa de você! Não sabemos se J.K. Rowling é uma daquelas que só emplacam um sucesso, mas você, com certeza, não é!"

Tal conversa aconteceu durante a atribulada turnê promocional para *A Hospedeira*. Quando voltou para casa, Stephenie descobriu que só teria mais três dias para fazer seus ajustes finais para o livro de conclusão da série *Crepúsculo – Amanhecer*. Ela trabalhou das 6h da manhã até a meia-noite para deixá-lo perfeito. Esse era o livro que encerraria a saga – até aquele momento, pelo menos. Nada poderia estragá-lo – incluindo vazamentos *online* que estragaram o lançamento de *Eclipse*.

Para tentar evitar quaisquer vazamentos, Stephenie tomou as rédeas da situação às vésperas da publicação de *Amanhecer*. Ela permitiu que a revista *Entertainment Weekly* publicasse uma resenha do livro, em maio de 2008. Então, em julho e no decorrer de agosto, ela publicava em seu site uma "citação do dia" extraída do livro. Também emitiu um pedido a seus fãs – por intermédio de seu site – solicitando ajuda contra qualquer tipo de vazamento que pudesse ocorrer. "Como vimos com *Eclipse* (sem citar o último livro de *Harry Potter*), sempre há o potencial para cópias do livro vazarem mais cedo", ela escreveu. "Minha editora está fazendo tudo que pode para prevenir isso, mas há tanto ainda que deve ser feito. Eis o favor: se alguém ou algum lugar, de alguma forma, conseguir uma cópia mais cedo, peço para não postarem um *spoiler* na internet. E se ouvir algo, por favor, não espalhe por aí." Seu estilo democrático e atraente com seus fãs, deu a Stephenie enorme influência, e muitos ouviram seus pedidos.

A empolgação ao redor do mundo dos fãs de *Crepúsculo* era tangível. "Stephenie Meyer escreveu um deslumbrante *grand finale* a uma épica história de amor", disse sua editora, Megan Tingley, à medida que o livro se preparava para chegar às prateleiras. "E, com a extraordinária empolgação em torno da publicação de *Amanhecer*, fico emocionada que legiões de novos leitores descobrirão agora a saga que já cativou milhões ao redor do mundo."

Desta vez, a capa trazia um tabuleiro de xadrez. De fundo, havia um peão vermelho; em primeiro plano, uma rainha branca. "É uma metáfora à progressão de Bella através de toda a saga", explicou Stephenie. "Ela começou como a mais fraca (ao menos, fisicamente, quando comparada a vampiros e lobisomens) jogadora no tabuleiro: o peão. Terminou como a mais forte: a rainha. No fim, é Bella quem consegue a vitória para os Cullen."

Amanhecer foi publicado no dia 2 de agosto de 2008. O lançamento foi marcado para um minuto depois da meia-noite e havia festas pelo mundo todo para receber tal publicação. As festanças cheias de imaginação eram definidas pelos temas da saga *Crepúsculo*: concursos de dublês, testes temáticos, jogos de caça, pinturas faciais e de presas, e coisas do gênero. A marca de chocolates Godiva até criou uma edição limitada de chocolates em barra com o tema *Crepúsculo* para destacar a ocasião. "O fenômeno *Harry Potter* criou alguma coisa para um evento de lançamento acerca dos livros. O que encontramos com *Harry Potter* foi o mesmo que aconteceu com *Amanhecer*", diz Trevor Dayton, vice-presidente para crianças e entretenimento da livraria Indigo. "[Os leitores] não querem apenas entrar numa loja num domingo à tarde, pegar algo e ir para casa. Eles querem tornar aquilo um momento especial e celebrá-lo."

Na Inglaterra, havia tanta empolgação que 400 cópias foram vendidas em apenas 20 minutos na loja Borders, na rua Oxford, em Londres. A expectativa de grande demanda levou a uma impressão inicial de 3,2 milhões de cópias, com outro meio milhão adicionado no último momento. Vendeu 1,3 milhão de cópias mundialmente em suas primeiras 24 horas nas prateleiras, o que é o máximo que um livro da *Little, Brown* jamais vendeu no dia de estreia nas livrarias. (Ao montante é dado certo contexto quando consideramos que o famoso escritor Dan Brown vendeu apenas 1 milhão no primeiro dia que seu livro viciante *O Símbolo Perdido* estava à venda.) Portanto, eram boas notícias em termos de vendas, mas em termos de recepção, Stephenie teria que se preparar para a controvérsia que estava por vir.

As críticas começaram favoravelmente o bastante. A revista *Time* deu-lhe uma nota A e disse, "Depois de três volumes de preliminares em câmera lenta, o último romance da série de super sucesso, *Crepúsculo*, finalmente, conta-nos tudo que sempre quisemos saber sobre sexo (e casamento) com vampiros, mas ficávamos aterrorizados demais para perguntar. É um selvagem, mas gratificante, fim para a balada de Bella e Edward."

A reportagem do *School Library Journal* concluiu, "Enquanto este livro é mais sombrio e mais maduro que os títulos prévios, as reviravoltas de Meyer não são fora de caráter. Fãs (...) irão se reunir e curtir muito."

Mary Harris Russell, do *Chicago Tribune*, escreveu, "Meyer continua a produzir uma escrita sagaz sobre famílias, adolescentes e cultura popular (...) *Amanhecer* é uma leitura divertida."

Foi a *Publishers' Weekly* que fez a primeira crítica negativa, sentindo que o enredo de *Amanhecer* era inadmissível e enrolado. "Essencialmente, todo mundo consegue o que quer, mesmo se seus desejos necessitarem ir por outros caminhos ou de uma introdução embolada para algumas histórias antigas."

A *Entertainment Weekly* deu-lhe uma nota D e previu que os leitores que leram os primeiros três exemplares, "perderiam toda a paciência com a franquia a meio caminho do *Amanhecer*, quando Meyer leva sua história de amor sobrenatural por vários caminhos bizarros".

O *Washington Post* foi ainda mais longe, dizendo que "o fator revoltante vai aos píncaros em *Amanhecer*, que é, francamente, horrível". A crítica Elizabeth Hand continuou, "E fica pior: *Amanhecer* possui uma sequência de um parto que pode chegar a promover uma vida de abstinência em pessoas mais sensíveis (...) Leitor, eu vomitei." Concluiu, "Os leitores mais devotos, sem dúvida, vão tentar inventar desculpas para remendar o livro, mas Meyer pôs uma estaca no coração de sua própria criação."

Nem todos os fãs eram devotos o bastante para evitar fazer críticas. As reclamações já haviam sido feitas por fãs quando haviam lido o capítulo de abertura divulgado previamente. Stephenie tentou olhar pelo lado divertido da coisa. "Havia uma porção de pessoas", riu, "que disseram, 'este não é o verdadeiro primeiro capítulo, a escrita está tão ruim!'"

Havia também decepção pela história ter, finalmente, acabado, embora, para Stephenie, isso não a incomodasse tanto. "*A Saga Crepúsculo* é realmente a história de Bella, e este era o lugar natural para sua história terminar", ela escreveu em seu site. "Superou os maiores obstáculos em seu caminho e lutou pelo lugar que queria estar. Acho que poderia tentar prolongar sua história artificialmente, mas não seria interessante o suficiente para manter-me escrevendo. Histórias precisam de conflito, e os conflitos que são centrados em Bella estão resolvidos."

Ouvia às controvérsias, mas ela ainda era a escritora, e cabia a ela decidir quando a história terminaria. Assim mesmo, ela se identificou com a paixão: "É inevitável que, quanto maior fica sua audiência, maior o grupo daqueles que não gostam do rumo que sua leitura vai tomando. Pois, nenhum livro é um bom livro para todos. Todo indivíduo possui seu próprio gosto e experiência, e é exatamente por isso que existem tantos livros nas prateleiras. Existem muitos livros bem populares que não gosto nem um pouco. De modo oposto, existem livros que adoro que ninguém mais parece se importar. A surpresa para mim é que tantas pessoas parecem gostar de meus livros. Escrevi-os para uma audiência bem específica – de apenas uma pessoa, e, assim, não havia garantia alguma que outra pessoa no planeta, além de mim, iria gostar."

De vez em quando, no entanto, as críticas aferroam Stephenie fortemente. Nunca em sua carreira ela havia encarado tanta coisa quanto com a publicação de *Amanhecer*. Isso a feriu e ela admitiu. "Foi difícil para mim: sou muito sensível. Costumava ler todas as críticas na Amazon.com. Podia ler 100 críticas incríveis com cinco estrelas e a única crítica que tinha uma estrela – 'Isso é lixo' – era a que eu me apegava."

Alguns fãs chegaram ao ponto de devolver seus livros às lojas. Um porta-voz da editora saiu em sua defesa. "Com um livro tão esperado quanto *Amanhecer*, haverá reações diversas", disse Melanie Chang, da Little, Brown. "Os fãs de Stephenie Meyer são incrivelmente apaixonados por seus livros, portanto não é nenhuma surpresa que leitores respondam com igual paixão."

Houve também observações mais felizes quando a revista *Newsweek* elogiou o fato de que o apelo inter-geracional de seus livros estava ajudando a intensificar os laços entre mães e filhas. A maneira sensível com que Edward e Bella se mantêm abstinentes antes do casamento ajudou algumas mães a abordarem a discussão esquisita dos fatos da vida.

Para Stephenie, no entanto, a dor da experiência foi dura. As vendas do livro, numa nota positiva, excederam suas expectativas – assim como foi o nível das críticas. "Tem sido difícil", ela disse. "O livro fluiu muito melhor do que pensei que fluiria (...) E, então, a reação negativa foi muito maior que a esperada."

Os fãs formaram um "Time da Stephenie" para ajudar a defendê-la e ela recebeu muitas notas acolhedoras de encorajamento de várias partes do mundo. Ela conheceu muitos de seus fãs pessoalmente em eventos promocionais. Em uma ocasião em especial, um fã perguntou, antes de ler *Amanhecer*, se ao fim da história faria com que se sentisse completo. Stephenie respondeu, "Realmente, não posso responder-lhe tal pergunta, mas senti como se estivesse encerrando." De qualquer forma, o livro continha seu momento favorito entre Bella e Edward, o qual surgiu nas últimas duas páginas do trabalho. "Quero dizer, eles, finalmente, olham-se olhos nos olhos e, realmente, conhecem um ao outro", ela sorriu. "E, nossa, aquilo valeu muito a pena ter escrito duas mil páginas para chegar ali." Ela também gostou da hora em que a rivalidade Edward-Jacob é finalmente posta de lado, admitindo que chorou enquanto digitava aquela passagem.

A ironia da controvérsia é que *Amanhecer* quase não chegou a existir. Originalmente, ela planejou apenas três livros para a saga *Crepúsculo*. Contudo, decidiu que queria levar a história para mais um passeio. "Quando se cria um mundo como esse – quando se cria Edward e Bella – se você para de escrever, é como se estivesse matando-os", raciocinou. "Não podia fazer isso. Tinha que levá-los adiante e ver o que aconteceria."

Outra ironia é que, tendo recusado a "apimentar" algumas cenas em *Eclipse*, foi pedido para que Stephenie amenizasse algumas das passagens de *Amanhecer*. Alguns sentiram que a violência estava muito explícita e pediram-na para aliviar as cenas relevantes. Houve até um momento em que consideraram dar ao livro uma censura etária. "Era para ter um limite etário de quinze ou dezesseis anos e um alerta", Stephenie revelou de sua conversa. "Acho que o conteúdo é apenas um pouco mais forte para se lidar, muito adulto para crianças realmente novas. Tenho leitoras de nove anos de idade e acho muito maduro para elas. É um pouco por causa da violência, um pouco por causa de temas adultos."

Alguns amaram *Amanhecer*, alguns – com toda a honestidade – odiaram. Para Stephenie, a paixão exacerbada das pessoas foi dura, em alguns momentos. Ela pôde se consolar, uma vez que havia baixado a poeira da controvérsia, quando muitos daqueles que reagiram desfavoravelmente ao livro, haviam mudado de ideia e falaram de como o consideravam estimulante. O livro recebeu inúmeros prêmios como o WH Smith – Livro Infantil do Ano de 2008 e a Escolha Literária Adolescente do Ano de 2009 no Children's Book Choice Awards.

Para a turnê promocional de *Amanhecer*, Stephenie usou de uma abordagem diferente. Pondo de lado os autógrafos e leituras tradicionais, ela organizou, ao invés disso, uma turnê com uma Série de Concertos para o *Amanhecer*. Visitou quatro grandes cidades dos Estados Unidos – Chicago, Nova York, Los Angeles e Seattle – com Justin Furstenfeld, da banda de rock Blue October, acompanhando-a. "A música teve um papel essencial na escrita da saga *Crepúsculo* e é emocionante ser capaz de incorporar meu amor pela música nesses eventos especiais para meus leitores", disse ela irradiante. "Sou uma grande fã de Blue October! Ter Justin nesses eventos do *Amanhecer*, tocando canções que inspiraram cenas no livro é mais legal que qualquer coisa que eu pudesse imaginar."

Milhares de fãs foram sortudos o bastante para assistir aos eventos pessoalmente, e aqueles que não puderam entrar, conseguiram acompanhar por conferências online. Mais de 250 mil pessoas fizeram exatamente isso.

Stephenie Meyer tratou de evitar quaisquer vazamentos de *Amanhecer*, como havia acontecido com *Eclipse*, mas ela estava prestes a encarar outro vazamento que realmente a feriria. Deveria ser o momento mais feliz para Stephenie. De maneira bem sucedida, ela lançara seus quatro livros de série *Crepúsculo* e *A Hospedeira*, também. Apenas há alguns meses, havia acontecido a estreia do filme *Crepúsculo*. No entanto, soube que um trabalho seu em andamento – *Sol da Meia-Noite*, um livro que contaria a história do *Crepúsculo* a partir da perspectiva de Edward – vazara e havia sido postado na internet. Ela ficou devastada e pôs uma declaração: "Como alguns de vocês devem ter ouvido, meu rascunho parcial de *Sol da Meia-Noite* foi, ilegalmente, postado na internet e, desde então, tem sido distribuído de maneira viral sem a minha permissão ou de minha editora." Após uma busca incessante, ela decidiu tomar o controle da situação ao postar, em seu próprio site, o trabalho inacabado, com o objetivo de fazer com que seus fãs pudessem lê-lo sem se sentirem desonestos com relação à sua autora favorita.

"Prefiro que meus fãs não leiam essa versão de *Sol da Meia-Noite*", explicou. "Era apenas um rascunho incompleto; o escrito está confuso, falho e cheio de erros. Mas como posso comentar sobre esta violação sem fazer com que as pessoas se sintam mais tentadas a dar uma olhada na postagem ilegal? Levei um tempo para decidir como e se eu iria responder a isso. Mas, para acabar com a confusão, decidi tornar o rascunho disponível aqui. Dessa forma, meus leitores não têm que se sentir como se tivessem que se sacrificar para manterem-se honestos."

Alison Flood, do *Guardian*, não ficou chateada pelo acontecimento. "Não posso dizer que estou decepcionada: uma nova perspectiva da mesma história parece um pouco entediante para mim", disse ela. "Não seria melhor deixar de lado, festejar as vendas fenomenais dos livros, e seguir adiante com um novo grupo de personagens e uma nova trama?"

Muitos de seus inúmeros admiradores querem saber o que acontecerá com o *Sol da Meia-Noite*. Veremos um livro findado publicado no futuro? "Não sei. Preciso me sentir sozinha com alguma coisa para conseguir escrevê-lo, e não me sinto sozinha com aquele manuscrito, neste momento. Muitas pessoas me interromperam com aquilo. Tudo o que havia escrito, exceto por seis páginas, havia vazado. Era um esboço prematuro; estou muito chocada com isso, mas não superei o sentimento de que todo mundo está envolvido nisso. Não sinto mais como se fosse só meu. Porém, espero que com o tempo (...) fique mais claro em minha mente, assim poderei voltar a ele. Não precisam se preocupar, pois tenho ouvido isso todos os dias de minha mãe. Ela começa, 'Sabe, Stephenie, talvez você devesse pensar naquele livro um dia.' Ela o ama, ela o quer muito mesmo. Portanto, certamente vou ceder à pressão, não se preocupem!"

Então, talvez ainda não seja o fim da série *Crepúsculo*. E, com certeza, não iremos nos separar tão cedo de Stephenie Meyer. Ela está com inúmeros projetos em mente, nas páginas impressas e no cinema. Essa mulher multitalentosa está fervilhando de criatividade e ideias.

Capítulo Sete

SEREIAS EM MALIBU

STEPHENIE MEYER TEM SIDO LOUCA POR MÚSICA desde seus tempos de universidade, quando – livre das censuras de seus pais – submergiu-se num mar de canções rock e pop que acabaram se tornando parte de sua vida, e assim tem sido desde então. Entre as bandas cuja música se tornou a trilha sonora da vida de Stephenie, estava Jack's Mannequin. A banda de quatro integrantes é um conjunto de pop-rock, formado em Los Angeles, embora, originalmente, vêm de Orange County. A banda foi formada, em 2004, pelo vocalista Andrew McMahon como um projeto paralelo – ela já era o homem de frente de uma banda musicalmente similar chamada Something Corporate. Logo após Jack's Mannequin lançar seu primeiro álbum, chamado *Everything in Transit*, McMahon foi diagnosticado com leucemia. Lutou arduamente contra a doença e, desde então, tem se recuperado bem. Sua banda paralela gravou um segundo álbum chamado *The Glass Passenger*. O *single* de seu segundo álbum foi chamado de "The Resolution", lançado em agosto de 2008. Quando foi demandada a eles a produção para o vídeo promocional da música, eles foram até Stephenie, que era uma fã publicamente confirmada da banda e chegou a imaginar quais dos personagens de seus romances seriam seus fãs. "Ela disse que parte de seu processo na criação dos personagens era descobrir qual música eles gostavam", McMahon disse após se encontrar com ela.

Ele explicou como tudo isso aconteceu. "É meio que uma história engraçada", disse. "Antes de eu saber muito sobre Stephenie ou da série *Crepúsculo*, um amigo estava navegando em seu site e encontrou Jack's Mannequin na lista de músicas preferidas relacionadas a um de seus últimos livros. Ela me contou sobre isso e, obviamente, fiquei lisonjeado."

Com o passar do tempo, no entanto, ele não achou que essa conexão seria levada a fins tão criativos. Nada aconteceu até eles fazerem uma reunião da banda dois meses após terem tido a ideia. "Procuramos alguns tratamentos para nosso clipe, não encontramos nada que gostamos particularmente e acabamos começando uma sessão de *brainstorm*: 'Por que não falamos com a Stephenie Meyer, que escreveu esses livros incríveis?' Fizemos isso, ela topou e assim foi como tudo começou."

Andrew não havia lido pessoalmente os livros *Crepúsculo*, mas começou assim que entrou em contato com ela – mais que tudo, para demonstrar respeito criativo. "Não podia entrar numa sala e deixar a mulher dirigir o vídeo, a menos que eu também conhecesse a sua arte", ele admitiu magnanimamente. Depressa deu-se conta do tamanho do fenômeno que possuía em suas mãos. "Estou, rapidamente, tornando-me superligado de como é grande esse negócio", disse, assim que começou a ler *Crepúsculo*.

"Era tudo uma viagem, eu acho, de uma certa forma", disse McMahon quanto às esperanças de ela concordar em se envolver. Mas, como a própria história de *Crepúsculo*, era um sonho que se tornara realidade. Stephenie ficou extremamente lisonjeada em receber esse convite. "Ela foi muito receptiva", entusiasmou-se McMahon. "Ela é maravilhosa de se trabalhar", acrescentou, "uma moça muito legal."

Essa foi uma atitude inteligente da banda, já que sua conexão com Stephenie garantiu-lhes diversas colunas de publicidade e acumulou-lhes a atenção de um grupo de novos adolescentes que seguem tudo que Stephenie faz com entusiasmo. "Stephenie tem uma ligação com milhões de pessoas, e isso é bem substancial", disse McMahon.

A "moça muito legal" escreveu dois "tratamentos" e a banda ficou impressionada o bastante para escolher um deles para criar a base para o vídeo. "Tratamento" é um jargão da indústria para um esboço feito num papel para um vídeo musical. Um tratamento incluirá o conceito básico do vídeo, uma cronologia de eventos ou temas do vídeo e muitos outros elementos, incluindo o local, a atmosfera, ritmo e outros detalhes salientes. A banda então analisa o tratamento. No caso de Jack's Mannequin, eles gostaram do que leram.

De fato, de tão impressionados que ficaram, não apenas aceitaram o tratamento, mas convidaram Stephenie para dirigir o *videoclip*. Isso era algo muito importante para ela, pois esse era um território completamente diferente. Igualmente, seu lado intrépido está sempre querendo considerar novas experiências, portanto, concordou em assumir a tarefa, mas era um grande desafio para ela – mesmo sendo um bem emocionante. "Não sei muito sobre direção", admitiu. "Foi apenas um acaso muito legal. Só estou fazendo isso, porque é divertido e é uma experiência que nunca tive, e, acima de tudo, não queria virar as costas. Certamente, não vou dizer que serei uma diretora musical a partir de agora! Nem sei como por para funcionar uma câmera, e eles nem vão me deixar tentar. Não querem que eu saia quebrando as coisas. Acho que 'consultora criativa' é uma palavra muito melhor [para o que estou fazendo]. Só quero ter certeza de que o resultado final ficará interessante."

McMahon e seus companheiros de banda estavam despreocupados com sua falta de experiência no campo, pois estavam convencidos que ela possuía o *know-how* instintivo correto para tornar aquilo bom para eles e para sua audiência. "Ela nunca dirigiu um *videoclip* antes, mas ela sabe como atingir a natureza pop das pessoas", disse McMahon.

O vídeo em si é fantástico. Começa com a visão de um coração delineado na areia de uma praia. McMahon, então, começa a cantar, do lado de fora de uma casa, remotamente deserta, em frente ao mar. Depois, a imagem retorna à praia, com uma vista para o oceano. Aqui vemos a primeira dica do personagem da sereia. À medida que McMahon canta sobre consertar os erros de seu passado, o coração na praia é destruído quando a maré passa por cima dele. Ao andar em direção ao seu carro (uma antiga picape Ford, não muito diferente do Chevy vermelho que Bella dirige nos livros *Crepúsculo*) carregando uma pasta em suas mãos, o mar começa a segui-lo. A letra protesta que, onde quer que ele se esconda, ela o encontrará, apesar de seu temor.

Ao dirigir uma montanha acima, a água continua a segui-lo. "É uma espécie de fábula", explicou Stephenie. "Essa sereia não aceita não como resposta. Quanto mais ele tenta fugir dela, maiores as distâncias ela será capaz de ir para alcançá-lo, e, no final, isso significa muita água subindo pelas coisas. Ele foge da água. Mesmo que ele escale uma montanha, a água o seguirá, ainda assim."

McMahon senta ao seu piano, cantando lamentosamente, "E você me mantém sob seu controle", à medida que a tensão da narrativa aumenta. Do topo da montanha, ele olha para baixo para a praia através do telescópio. Com isso, ele – e os telespectadores – pode ver o rabo da sereia, dançando no mar, mais uma vez. Na parte final do vídeo, ele caminha em direção ao mar, à medida que os vocais repetem a palavra *resolution* (resolução) sem parar. Ele encontra a sereia que está deitada, parecendo um fantasma, com o rosto para cima sob a água, aparentando estar morta. Ao estender sua mão para tocá-la, ela assume a forma de um coração, o mesmo que vimos antes lá na praia.

O vídeo é finalizado com a câmera focada no rosto de McMahon, que sustenta uma expressão que sugere que uma decisão foi tomada, mesmo que uma não muito feliz. "Para mim, isso indica uma relação que não foi saudável para uma das pessoas, [mas] que não importava para a outra", disse Stephenie. "Eles ainda queriam muito aquilo, e pensei que essa era uma forma interessante de interpretar. É, realmente, apenas uma angústia normal de um relacionamento, e, acrescentar o elemento sobrenatural, é apenas uma maneira de tornar isso mais visual." Com uma espirituosa narração tipicamente incompleta, ela conclui, "Porque, de verdade, um casal não conseguindo fazer as pazes não é tão visual quanto um oceano atacando uma pessoa." Não há argumentos quanto a isso, Stephenie.

O vocalista do Jack's Mannequin ficou muito impressionado por seu conceito "oceano perseguidor". "Ultimamente, tem sido enraizado o conceito de correr de algo, ao invés de encará-lo", disse McMahon em relação à ideia de Stephenie. "Visualmente, termina comigo pegando meu piano e viajando para o interior, longe da praia, à medida que o oceano vai entrando terra adentro. Não vou contar como termina, mas direi que tem uma sereia no meio."

Trabalhar nesse projeto foi estranhamente prazeroso para a banda, que insiste que o envolvimento de Stephenie coincidiu com uma mudança da experiência normal de trabalho duro. Em vez disso, relataram que foi uma experiência agradável, apesar de às vezes árdua, para a banda e para a equipe. "Foi uma filmagem muito legal", disse McMahon entusiasmado com a gravação feita em Los Angeles. "Clipes musicais são complicados. Requerem muita confiança no time que está criando os visuais, e isso pode ser bem amedrontador. Dito isso, houve um clima ótimo no estúdio, e gravar perto do mar tornou aquele dia muito calmo, apesar de todo o trabalho duro que envolve o processo."

Stephenie amou trabalhar nas gravações, feitas numa praia nas redondezas luxuosas de Malibu, na Califórnia. Como explica McMahon, embora ela tivesse um papel de direção, ela não o preenchia, propriamente dito. "Não era como se ela estivesse atrás da câmera, entende – ela é uma escritora", disse ele. "Havia esse cara chamado Nobel Jones, que é um diretor, e ele estava no estúdio o tempo todo. Obviamente, ela escreveu o tratamento, e ela e Nobel colaboraram muito quanto à execução de sua visão e de como ela queria que parecesse. Certamente, ela estava lá, aprovando e dando sua opinião quanto a certas tomadas que fazíamos. Portanto ela foi, com certeza, uma parte da produção e da direção do vídeo."

Ela foi modesta quanto à sua parte: "Claramente, não tenho experiência. Eles só estavam lá para me explicar as coisas." De certa forma, ela estava dirigindo muitas coisas – e tudo isso nas redondezas glamourosas de Malibu, uma área extravagante e idílica, de frente para o mar, próxima a Los Angeles, e há alguns quilômetros da famosa Venice Beach.

"Tudo se resume até onde, realisticamente, é possível chegar em um dia", ela disse quanto à localização em Point Mugu, "aí tem-se a impressão de viajar sem realmente sair do lugar. Essa foi a parte complicada." A meio caminho da gravação, Stephenie disse a um repórter do *LA Times*, "Parece bom. Parece do jeito que eu havia imaginado, então está indo muito bem."

McMahon e Stephenie ficaram contentes com o resultado final, que eles sentiram que era relevante – mas também irrelevante – em todos os lugares. "É legal", disse McMahon. "Não é algum tipo de exposição em minha vida (...) É ótimo saber que vamos fazer um vídeo pelo prazer de fazer um vídeo. [Estamos] fazendo algo que é meio fantástico, diferente e excitante, mas não se trata especificamente da música ou sobre mim", murmurou.

Ele e Stephenie não podiam evitar a lembrança de que o envolvimento dela significaria, supostamente, que o vídeo seria dominado por vampiros e outras criaturas fantásticas. "A sereia foi muito legal", disse McMahon. "Ela estava até rindo sobre isso – que todo mundo pensa que vamos filmar um vídeo com vampiros."

McMahon ficou satisfeito com o resultado da colaboração e diz que pode indicar como a conexão funcionou de forma tão impressionante. "Funciona tão bem, pois [com a música] sempre tento criar algo super visual ao desenvolver uma tela de fundo onde as pessoas possam viver uma porção de experiências, relacionando-se com elas."

Stephenie não disse nada publicamente sobre ter tido uma boa experiência de trabalhar com a banda, mas McMahon está convencido que ela gostou daquilo. "Ela parece genuinamente entusiasmada com isso", ele disse à MTV durante as filmagens. "Está no meio da edição do seu filme, então acho que a implicação é que ela está ansiosa, pois o vídeo está tomando muito tempo dela. Mas, como disse, estou mais animado, pois, quando eu estava fazendo este álbum, queria achar alguém que fosse realmente talentoso e pudesse escrever um tratamento, deixando-o livre para voar. E é exatamente isso que estamos fazendo aqui."

Andrew nunca imaginou uma sereia tendo qualquer coisa a ver com a música, e admite que alguns conhecidos ficaram surpresos em ler que Stephenie queria incluir uma. Para ele, no entanto, foram detalhes como esse que o convenceram do conceito dela. "O que amei na Stephenie é que ela era criativa", disse. "Quero dizer, adorei a metáfora, adorei que ela fez isso mais como um tipo bizarro dessa história de amor. Existe o lance do erguer das águas que representa o tipo de amor que não dá para escapar, e há a serei no final. A sereia meio que assustou o pessoal no tratamento, mas eu fiquei tipo, 'Deixe-a fazer o que ela sabe. Ela, com certeza, fez tudo bem feito; tenho um sentimento estranho de que tudo vai dar certo.' Acho que eles acertaram em cheio. Mas eu estava escrevendo sobre sereias? Não mesmo."

Stephenie diz que sempre foi fascinada por sereias, e gostou de ter incluído uma no vídeo. "Quando deixei minha imaginação correr solta nisso, houve diversos esboços diferentes que me vinham à mente e esse era o que mais tinha um impacto visual." Será que ela irá escrever um livro sobre sereias no futuro próximo? "Não sei se vou ou não", disse.

A canção foi comercialmente, relativamente, bem sucedida, chegando ao lugar de número 27 nas paradas da *Billboard Hot Modern Rock Tracks*. Embora Stephenie tenha constatado sua desistência no campo da direção de mais vídeos musicais, não aposte contra seu retorno ao campo um dia. Ela ama música e fez um ótimo trabalho com Jack's Mannequin. A oferta certa, na hora certa, da banda certa poderia fazer com que ela ficasse empolgada novamente. Quanto a McMahon, está pronto para inverter os papéis e escrever uma música para uma futura adaptação cinematográfica de um livro de Stephenie.

"Claro, com certeza faria", disse. "Mas é uma das piores brigas de foice em todo o comércio musical; pessoas tentando ser os artistas de futuros filmes do *Crepúsculo* ou coisas do tipo, entende? Quando acontece esse tipo de coisa, tento encontrar onde tem um maldito banheiro, olhando por sobre todo mundo, e tento empurrá-las para ver se consigo sair pela porta; aí é quando descubro que sou extremamente tímido. Porém, adoraria ter uma música fazendo parte de *Lua Nova*, sem dúvida. Não consigo escrever do ponto de vista "contrato assinado". Escrevo o que sinto em meu cotidiano, e se tiver algo dali que inspire a pessoa que organizará a trilha sonora o suficiente para querer utilizá-la, então, por Deus, claro que ficaria totalmente honrado, entende? Se vou ou não sentar e escrever uma canção com *Lua Nova* em mente, já é outra história."

Ele perdeu o bonde para *Lua Nova*, mas a mais irresistível perspectiva de Stephenie trabalhar novamente com seu herói musical McMahon parece perfeitamente possível, então vamos acompanhar.

Havia muito respeito entre os críticos para o vídeo de Stephenie "The Resolution". O site adolescente *4tnz!* estava efusivo quanto ao que viu como uma ligação muito apropriada: "A banda é meio emo. Edward Cullen é meio emo. Achamos que é uma combinação!" O canal de televisão MTV mandou repórteres locais para cobrir essa colaboração cultural histórica. O site do canal, descaradamente, fez uma manchete para sua reportagem "A Escritora de *Crepúsculo*, Stephenie Meyer, Tenta Afundar a Banda Jack's Mannequin no Vídeo 'Resolution'".

Enquanto isso, como confirmou o *LA Times*, o envolvimento de Stephenie fez com que a música atingisse novas audiências. "A ligação de Meyer parece estar fazendo com que a música leve uma bagagem extra, mulheres casadas, por exemplo, à enormemente bem sucedida série de livros da autora e uma jovem audiência romântica soberba", escreveu a escritora do jornal "Soundboard blog", Susan Carpenter.

No fim de 2008, continuaram os tributos prestados a Stephenie e seu trabalho. Em seu prêmio Personalidade do Ano, a revista *Time* nomeou-a como uma das "Pessoas Que Importaram". "Talvez os americanos ainda não estejam prontos para um candidato à presidência mórmon", disse o apresentador, com um assentimento à crescente popularidade à candidatura presidencial multirracial e ao Presidente Barack Obama. "Mas eles estão mais que prontos para ungir uma mórmon como a romancista *best-seller* do ano."

O escritor Lev Grossman concluiu a apresentação, "Às vezes as boas meninas terminam em primeiro."

Às vezes elas realmente o fazem. Stephenie, com efeito, de vez em quando se sente um pouco estranha com esses tipos de honras e prêmios, mas ela, em breve, ficaria acostumada com eles. Ela teria que se acostumar – pois estava sendo honrada e reconhecida por todos os tipos de pessoas, sociedades, publicações e empresas. A gigante da Web, MSN, por exemplo, nomeou-a como uma das mulheres mais influentes do ano de 2008.

"A antiga bacharel em inglês, graduada na Brigham Young, diz que nunca buscou uma carreira como escritora", lia-se no anúncio. "De fato, ela estava perfeitamente contente no papel de mãe de três garotos em tempo integral. Mas após escrever *Crepúsculo*, um livro baseado num relacionamento entre um vampiro e uma estudante do ensino médio, ela foi transformada num ponto de referência do mundo da literatura com um livro que debutou na quinta colocação da lista de *bestsellers* do *New York Times*. Sua fama aumentou em 2008, uma vez que *Crepúsculo* foi adaptado para o cinema. A seleção para o elenco do ator britânico Robert Pattinson, no papel de Edward Cullen, o vampiro, levou as fãs à histeria e esgotou bilheterias por todos os cantos. O filme arrecadou US$72 milhões durante [seu] final de semana de estreia, dando a Meyers [sic] um sucesso de sugar o sangue, no qual qualquer escritor iria querer cravar seus dentes."

O *Arizona Republic* juntou-se na adoração, honrando-a como uma das "mais fascinantes pessoas" do momento. Ao anunciar esse prêmio, foi resumido exatamente quanto a fama de Stephenie cresceu e como ela delicadamente mexeu com os sentimentos. "Tem sido um grande ano para Meyer, que também lançou sua primeira obra de ficção adulta, *A Hospedeira*, uma história de amor alienígena ambientada próximo a Picacho Peak, ao norte de Tucson [Arizona]. O livro rapidamente atingiu as listas de *best-sellers* e lá ficou. Ela apareceu na *People* e *USA Today*, a *Entertainment Weekly* dedicou sua capa à série *Crepúsculo*. Sua turnê para o livro *Amanhecer* foi um recorde de bilheterias, com lotação esgotada em todo o país. Ela está começando a ser reconhecida em mercearias e na Target (loja varejista), para sua tristeza."

Assim como Stephenie se tornou imensamente famosa por causa de seus livros, igualmente ficaram os lugares onde eles foram ambientados – mais notoriamente a pequena cidade de Forks, a qual abrigou a maior parte da saga *Crepúsculo*. O efeito sobre as pessoas de Forks foi incrível, e a economia local é agora dominada por aventuras relacionadas ao *Crepúsculo*, oficiais e não-oficiais. Annette e Tim Root planejam abrir o primeiro restaurante temático do *Crepúsculo*, na área de Forks. Estão pensando em chamá-lo de Volterra, em homenagem à cidade italiana que é citada na série *Crepúsculo*.

Annette Root, a proprietária do restaurante temático *Crepúsculo*, não era, originalmente, uma fã do livro de vampiros. Ela, uma assistente social que vivia em Vancouver, ouviu falar sobre a série por uma amiga e estava longe de aceitar que os livros eram certos para ela. "Passei meus olhos – adolescentes, romance, vampiros, tá, tá bom", disse ela. No entanto, uma vez que ela começou a ler *Crepúsculo*, rapidamente ficou aficionada e deixou-se levar pela série. Com sua crescente obsessão, acabou que ela, seu marido e seus filhos se mudaram para Forks. "Ele adorou ainda mais do que eu, pois é um rapaz de cidade pequena", disse.

Os Root também compraram uma loja *Crepúsculo*, que vende produtos oficiais e licenciados, mas também alguns feitos por fãs. "Temos muita coisa em consignação", disse Annette. "Isso se dá porque meu coração realmente está ao lado dos projetos criados por fãs." Annette Root também administra passeios *Crepúsculo* pela área. Neles incluem-se o passeio *Amanhecer*, o passeio Volturi de três horas, entre outros.

Já existe até um bar chamado de Twilight Lounge (Lounge Crepúsculo) na área, no qual um grupo chamado Mitch Hansen Band tocou, mostrando seu repertório temático de *Crepúsculo*. Tem também um Dew Drop Hotel (o qual possui uma Suíte Bella, em homenagem à heroína de *Crepúsculo*, com cortinas pretas e barras cor de sangue, chocolates e cidra espumante servida em taças de champanhe) e um restaurante chamado Sully's Burger, o qual possui um prato encimado por um abacaxi, conhecido por Bella Burger. É servido completo, com presas de plástico.

Também há tigelas e canecas da Sopa Cremosa de Moluscos dos Cullen e as Bebidas Crepúsculo, que são cafés expressos. As lojas estocam numerosos produtos temáticos registrados e não-oficiais do *Crepúscuo*, nas quais os fãs visitantes adoram gastar seu dinheiro. Neles, incluem-se camisetas *Crepúsculo*, vendidas na Jerry's Lock & Key e a "Sugada do Vampiro", que são pequenos copos de bebida vendidos na loja mais próxima.

Outra proprietária de uma loja local conta como a sensação *Crepúsculo*, efetivamente, salvou seu negócio. Uma antiga loja de flores e presentes administrada por Charlene Leppell estava lutando para se manter, mas com a explosão da popularidade de *Crepúsculo*, ela imprimiu camisetas "Bella para Rainha do Baile" e adicionou maçãs revestidas em brilhantes cerâmicas vermelhas aos produtos da loja. As vendas foram tão abundantes que ela renomeou a loja para Central Crepúsculo e aumentou os temas vampirescos. Logo seu negócio tinha dado uma guinada completa. "A questão não era se eu podia bancar umas férias esse ano", disse Leppell, "mas se eu podia dar um tempo de folga da loja."

Randy Lato administra um passeio de barco chamado "Vampire Voyage", mesmo que ele admita que, "Apenas li dois livros em minha vida inteira, e *Crepúsculo* não foi um deles."

Mesmo antes das multidões de fãs chegarem à cidade, notaram que haviam sido postos indicadores para esse destino. Na estrada que leva a Forks, há uma placa de sanduíche que diz "Presas esbranquiçadas aqui" e bem próximo à saída da cidade está um letreiro no qual se lê: "Agora entrando na Zona do Crepúsculo". Tamanha a admiração e empolgação dos visitantes a Forks que os oficiais da cidade tiveram que mudar a placa de "A Cidade de Forks lhe dá as boas vindas" na fronteira da cidade, por medo de sérios acidentes de trânsito. Os fãs visitantes de *Crepúsculo* começam a gritar em demasia em seus carros quando veem a placa, sugerindo o temor que isso poderia gerar muitos acidentes de carro. Para minimizar a probabilidade de tal tragédia, os oficiais da cidade mudaram a placa para uma colina íngreme. "Alguém, um dia, iria se machucar", disse a prefeita Nedra Reed. "Estava tendo pesadelos sobre estar sendo processada."

Há sentimentos misturados entre alguns locais sobre a fama repentina que as histórias de Stephenie trouxeram à cidade. "Às vezes, é impossível dirigir facilmente pela cidade, pois há fãs tirando fotos por todo o caminho, diminuindo a velocidade do trânsito", disse um. "É um preço bem baixo a se pagar."

Outros comentários ambivalentes vieram dos moradores locais. "Acho que isso foi uma coisa maravilhosa para a cidade, mas, com certeza, está mudada, para dizer o mínimo", disse outro. "Muitas pessoas ficam irritadas."

Outro residente de Forks simplesmente estava confuso. "Não entendo direito por que as pessoas vêm à Forks por causa de um livro de ficção!", ele disse.

A mudança do anonimato para o foco de uma obsessiva atenção dos fãs de *Crepúsculo* tem sido uma experiência estranha para os residentes dessa área calma, que possui uma população de 3.120 pessoas (baseado no censo de 2000). "Antigamente quando a gente dizia que era de Forks, as pessoas arregalavam os olhos", disse Marcia Bingham, diretora da Câmara de Comércio, referindo-se ao que ela chama de dias "AC" (antes de *Crepúsculo*). "Agora, quando as pessoas ouvem de onde você é, elas ficam até sem ar."

No lado de fora do centro de visitantes fica o "caminhão da Bella", e todos que entram no carro podem vestir um jaleco branco de laboratório escrito "Dr. Cullen" (uma referência a Carlisle Cullen, chefe da família Cullen, que trabalha como médico no hospital local e consegue controlar seus instintos contra os efeitos estimulantes que a visão e o odor do sangue humano propiciam.)

Próximo a Port Angeles, uma área frequentemente citada nos livros *Crepúsculo*, o efeito foi igualmente profundo. O restaurante local Bella Italia é o lugar onde Bella e Edward têm seu primeiro e único encontro no livro. Durante o encontro, Bella pede um prato de ravióli de cogumelos. O resultado prático pode ser medido pelo fato de que, em 2009, o proprietário afirma que as vendas do ravióli cresceram espetacularmente, ficando em torno de 5.000 pratos vendidos.

Um jornaleiro próximo dali, que Bella cita no livro, diz que seu comércio cresceu uns 20% após a publicação do livro. Isso já é notável o bastante por si só, porém, fica ainda mais impressionante, se considerarmos que Bella nem mesmo entra no estabelecimento, na história, mas, meramente, menciona-o numa passagem, dizendo: "Não era o que eu estava procurando." Mesmo uma passagem, uma observação negativa de Bella, é o suficiente para levar milhares de fãs a uma loja que é, ao contrário, não muito notável. Um parque local, que é descrito na história, viu o número de visitantes crescer 7% após o *Crepúsculo* chegar às listas de *best-sellers*. O Pacific Inn Motel inaugurou uma ala com o tema *Crepúsculo*, com quartos vermelho e preto, pôsteres dos filme e toalhas *Crepúsculo*, que atraiu comentários admirados de fãs que se hospedaram lá.

O albergue Kalaloch pode estar a mais de 50 quilômetros de Forks, mas ainda assim aproveita-se dos benefícios financeiros que o livro trouxe à vida real. O hotel oferece um pacote *Lua Nova–Crepúsculo* que inclui uma noite num chalé, sobremesa e uma garrafa de água do *Crepúsculo*, a partir de US$149 por noite.

Em honra a Stephenie, Forks agora celebra todos os anos o Dia de Stephenie Meyer, em 13 de setembro, a data de aniversário de Bella Swan. Não há dúvidas do porquê de haver tamanha empolgação na área, com toda essa atividade e lucros advindos da caneta de Stephenie... "É uma grande dádiva. Nunca conseguiríamos tanta publicidade como essa, nem mesmo se pagássemos", disse Marcia Bingham, da Câmara de Comércio de Forks.

Não são apenas os fãs que viajam a Forks, na esperança de um pouco do espírito *Crepúsculo*. Uma das visitantes assíduas da cidade é a própria Stephenie. "Há uma pequena casa que adoramos alugar", ela diz entusiasmada. "Existem ninhos de águias carecas no jardim dos fundos. Para nós, é um ótimo passeio."

A fama para Stephenie tem sido uma coisa estranha para se lidar. Afinal de contas, ela não é uma chamadora de atenção por natureza. "Não sei, de verdade. Costumava viver sem ser reconhecida. Quando sou parada na rua, sempre fico chocada. As pessoas são sempre muito carinhosas. Algumas mães vêm até mim, dizendo-me que leram *Crepúsculo* com suas filhas, que elas estão mais próximas agora. Acho emocionante poder provocar esse tipo de situação."

Seu reconhecimento cresce a todo instante, voando cada vez mais alto. Nos últimos meses de 2009, a influente e respeitada revista *Vanity Fair* fez uma lista de pessoas importantes que foram membros condecorados do "The New Establishment" (lista das personalidades de destaque do ano). No número 82, de sua lista de 100, estava Stephenie. "Os romances adolescente-vampirescos da saga *Crepúsculo* da dona de casa mórmon venderam aproximadamente 29 milhões de cópias em um ano, alcançando as quatro primeiras colocações da lista de *best-sellers* do *USA Today* de 2008, tornando-a a primeira escritora na história a realizar tal feito", lia-se o texto explicativo. "A versão cinematográfica de *Crepúsculo* arrecadou US$191 milhões nos Estados Unidos, e a adaptação de seu segundo livro, *Lua Nova*, estreia em novembro [de 2009]. Meyer também inspirou centenas de *sites* na Internet de fãs que se autodenominam 'Stephenites' ou 'Twihards'."

Ao fim do trecho relativo a cada personalidade da lista estava uma previsão para o ano vindouro. Uma seta apontava para cima, para os lados, ou para baixo, significando uma melhora, nenhuma mudança ou um declínio no nível de importância da pessoa no ano. O periódico previu que Stephenie pertencia aos de seta para cima.

Até mesmo a Universidade de Oxford juntou-se nessa empolgação pelos livros de Stephenie. Em outubro de 2009, o prestigiado estabelecimento britânico publicou uma lista de perguntas típicas a serem feitas em entrevistas com prováveis estudantes de Inglês. Uma delas era "Por que pode ser útil para um estudante de Inglês ler a série *Crepúsculo?*" Ter questões sobre seus livros, ao lado de questões abrangendo Shakespeare e outros, era mais uma pena no chapéu literário de Stephenie.

Porém, havia controvérsia em meio a toda essa adoração. Em agosto de 2009, uma notificação judicial foi enviada à sua editora por advogados representando Jordan Scott. A petição reclamava que *Amanhecer* "mostra uma surpreendente e substancial similaridade" com o livro de Scott, *The Nocturne*, e pergunta ao editor como ele pretende "cessar e desistir de quaisquer infrações futuras de direitos autorais e compensar minha cliente por seus danos". A empresa matriz dos editores de Stephenie, Hachette, chamou a reclamação de "completamente sem mérito". Insistiu que nem Stephenie nem sua agente "tinham qualquer conhecimento dessa escritora ou de seu suposto livro, antes desta reclamação. O advogado da Sra. Scott ainda precisa fornecer-nos uma cópia do livro para sustentar tal acusação, como requerido", dizia a declaração. "O mundo da série *Crepúsculo* e as histórias ali contidas são de inteira criação da Sra. Meyer. Seus livros foram um fenômeno sensacional, e, talvez, não devesse ser surpresa ficar sabendo que outras pessoas possam querer se beneficiar das rabeiras do sucesso alheio. Esta acusação é frívola e qualquer ação será vigorosamente defendida."

Esse foi um eco da experiência de J. K. Rowling. Em 2001, ela recebeu uma reclamação da autora Nancy Stouffer, alegando que a série *Harry Potter* continha ideias de livros que ela escrevera durante os anos 1980: uma descrevia um personagem chamado Larry Potter; outra descrevia "trouxas" (trouxas, no mundo de Potter, são as pessoas comuns, não-mágicas; no livro de Stouffer, eles eram mutantes humanóides). A corte foi a favor de Rowling, e todos do lado de Stephenie mantêm-se otimistas e insistentes que o caso Scott será decidido a favor de sua heroína.

Enquanto isso, Stephenie estava toda empolgada com os preparativos para o lançamento mundial do filme *Lua Nova*. Logo ela veria outro de seus livros adaptado para as telonas. Estava tão ansiosa para chegar logo novembro de 2009 quanto qualquer um de seus fãs. "Novembro não pode chegar mais rápido?", ela escreveu em seu site, acrescentando, "Quando lançarem *Lua Nova*, vocês ainda não terão visto nada!"

Dois meses antes de chegar às telas, as primeiras sessões do filme já haviam esgotado em muitas salas de cinema. "Para muitos fãs, é, com certeza, o filme mais esperado do ano", disse Rick Butler, chefe de operações internas da Fandango, empresa de venda de entradas de cinema. "Desde que os bilhetes foram postos à venda, no dia 31 de agosto, tem estado entre nossos cinco mais vendidos da semana."

Que tipo de filmes eles viriam? Durante a produção – acompanhada de perto, como sempre, pelos Twihards – muitos rumores pairaram. Houve alguns boatos que Taylor Lautner seria substituído no papel de Jacob, mas, felizmente, isso não aconteceu. "Tive uma participação importante nessa decisão", disse Stephenie. "Minha prioridade era sempre o que era o melhor para *Lua Nova* – o que nos daria o melhor filme possível. Verdadeiramente, fiquei emocionada que Taylor foi aquele que provou ao diretor, à Summit e a mim ser o melhor Jacob possível que poderíamos ter. E estou muito ansiosa para ver o que ele irá trazer ao personagem de Jacob este ano."

No entanto, a diretora de *Crepúsculo*, Catherine Hardwicke, deixou o ninho para seguir em frente, para a tristeza de Stephenie. "Estou triste que Catherine não continuará conosco em *Lua Nova*. Sentirei falta dela, não apenas como uma brilhante diretora, mas também como uma amiga. Ela tinha uma voz tão autêntica e distinta que fez coisas maravilhosas em *Crepúsculo*. Acompanharei todos os filmes que ela fizer no futuro."

Hardwicke foi substituída por Chris Weitz, que dirigiu *American Pie*, *About a Boy* e *The Golden Compass*. Num momento tipicamente hollywoodiano, ele anunciou sua gratidão por Stephenie ter dado sua "permissão para proteger *Lua Nova* em sua tradução das páginas para as telas". Também falou sobre seu "romance conturbado" com os livros.

Stephenie disse que esperava que *Lua Nova* fosse um livro difícil de ser transferido para o cinema, "mas, para nossa sorte, Chris Weitz era um gênio!"

Na semana anterior ao lançamento do filme, Stephenie deu uma entrevista no *The Oprah Winfrey Show*. Ela sempre foi relativamente tímida com a atenção da mídia antes disso, então havia muito interesse sobre o que ela falaria. Os fãs de *Crepúsculo* sentaram-se nas beiradas de suas cadeiras quando Oprah – antes do intervalo comercial – disse: "A seguir, haverá um quinto livro na saga *Crepúsculo*? Stephenie responderá após os comerciais." Contudo, a pergunta nunca foi respondida no show, pois Winfrey não conduziu a conversa a esse tópico.

Consciente de que haviam trilhado uma pergunta tão perniciosa, eles agora tinham a responsabilidade de segui-la. Algumas pessoas da equipe de Oprah abordaram Stephenie, por trás das câmeras e questionaram-na a respeito. "Não posso responder isso. A maneira que escrevo é o que me faz feliz. Tipo, não consigo escrever quando tem pessoas olhando por cima do meu ombro", replicou.

Meyer admitiu que está meio cansada do gênero. "Estou um pouco desanimada com vampiros por ora", disse. "Acho que preciso de uma pausa. Talvez eu vá passar algum tempo com meus alienígenas. Talvez faça algo completamente diferente. Tenho que limpar meu paladar. Talvez volte a isso. De fato, visionei-a como uma série longa. Mas travei em *Amanhecer* de uma forma que me senti satisfeita, então, se aquele momento não chegar, ficarei bem."

Mas ela tinha, perguntou o repórter, uma ideia do que aconteceria com Edward e Bella no futuro? "Ah, absolutamente", disse Stephenie confiante. "Sei exatamente o que irá acontecer." O repórter especulou que Stephenie não diria nada. Absolutamente nada, é claro. "Desculpe-me", riu Stephenie.

Ela confirmou que *A Hospedeira* teria algum tipo de retorno. "É meio que a coisa mais legal que já fiz. Vejo essa história como uma série de três livros, então, provavelmente, voltarei a ela mais uma vez. Estamos trabalhando no filme, portanto, estou gastando tempo com os personagens, por isso posso voltar a eles em algum momento."

Também anunciou que estava trabalhando num romance de fantasia. "Tão fantasia que existe um mapa na frente – se tem um mapa, aí sim é uma fantasia de verdade."

Com o projeto do filme *Eclipse* concluído, ela tinha a possibilidade de dar algumas dicas do que os espectadores poderiam aguardar quando for lançado em 2010. "A ação continua cada vez melhor. Com *Crepúsculo* foi muito mais garoto e garota; não extraímos muita ação daquilo. Em *Lua Nova*, é claro, há muito mais – a CGI [sigla para imagem gerada em computadores] literalmente tira seu fôlego. No próximo, teremos muito mais ação vampiresca e os vampiros serão capazes de correr muito mais rápido. É muito legal. Acho que é meu efeito preferido, de longe."

Perguntada sobre qual o sentimento de conhecer os atores que interpretaram seus personagens literários, ela descreveu a experiência como "louca, surreal".

Louca foi exatamente a palavra para a empolgação, ou, até se poderia dizer, histeria, que recepcionou o lançamento do filme *Lua Nova*, em novembro de 2009. Antes da estreia, centenas de fãs de *Crepúsculo* acamparam do lado de fora do Mann's Village Theatre, em Westwood, Los Angeles. Esperavam conseguir avistar a chegada do elenco, da equipe e – claro – de Stephenie.

Assim como nos lançamentos dos livros, havia festas e eventos temáticos para ajudar os fãs a entrar no clima. Nisso incluía-se a New Moon Experience, uma festança de dois dias organizada pelo site *Twilight Moms* (Mães do Crepúsculo). Antes da estreia, o elenco falou sobre o efeito que a fama adquirida, por intermédio de seu envolvimento nas histórias de Stephenie, teve em suas famílias.

"Minha família é, desconcertantemente, orgulhosa de mim", disse Kristen Stewart (Bella). "Meus irmãos são um pouco protetores. Criei regras, agora, que não podem sair de casa e gritar com as pessoas que possuem câmeras."

Robert Pattinson (Edward) disse, "Minha família vive em Londres e acho que eles não têm muita noção do que está acontecendo aqui na América."

As primeiras críticas de *Lua Nova* eram promissoras, com elogios, também, à inédita trilha sonora para o filme, um acontecimento que deixará a viciada em música, Stephenie, muito satisfeita. Dito isso, o elogio da revista *Total Film* foi mais uma experiência mista para ela. "Sério mesmo, isso vai levar pessoas aos cinemas que nunca tiveram interesse qualquer nas bobagens vampirescas de Stephenie Meyer", lia-se.

Lua Nova tinha a garantia de ser um grande sucesso nos cinemas, assim como *Crepúsculo*. Esses sucessos são a fonte de um orgulho gigantesco para Stephenie. Enquanto isso, ela continua a escrever. Desde o dia que ela escreveu a primeira passagem daquilo que se tornaria o *Crepúsculo*, no alvorecer daquele tremendo sonho, seu processo de escrita mudou de algumas maneiras.

"Mudou mesmo", ela confirmou. "Passou por algumas evoluções à medida que experimentei formas diferentes de fazer coisas. Com *Crepúsculo*, não sabia que isso aconteceria quando escrevi. Era só escrever para ver no que ia dar. Com os outros tinha que começar esboçando. Tinha que ser mais cuidadosa, pois sabia, quando comecei a sequência *Lua Nova*, onde iria terminar, por isso demandou muito mais trabalho para unir os pontos. E experimentei, paralelamente, outras técnicas, portanto, ainda não me consolidei direito. A maior mudança foi que quando comecei a escrever, tinha três filhos que ainda não frequentavam a escola todos os dias. Todos os meus filhos estão, agora, na escola em tempo integral, então isso foi a maior mudança em meu estilo de escrita."

Enquanto ela diz que a série *Crepúsculo* termina com a publicação de *Amanhecer*, ela sabe que alguns de seus fãs anseiam por volumes posteriores. Enquanto nenhum deles deveria esperar muito por sequências futuras, também não deveriam perder inteiramente suas esperanças. "Por ora, está terminado", ela diz. "Quero dizer, não posso prometer que não me sentirei abandonada pelos Cullen e voltar a eles em dez anos, mas agora sinto-me realmente satisfeita com o que já fiz, então não estou planejando fazer algo por enquanto – porém, você sabe, sem garantias."

Alguns de seus fãs expressaram um desejo que a história permaneça fechada. No entanto, muitos mais amariam ter outro capítulo da série *Crepúsculo* em suas mãos. Dada a conexão e, de fato, o amor por seus personagens, será ela capaz de resistir a tirá-los do descanso novamente e dar-lhes uma nova intriga? Afinal, como vimos, ela já tem seus destinos tramados em sua mente. Será que Stephenie irá resistir a esse caminho assim como Edward mostrou restrições com Bella?

Por ora, porém, ela está contente – no mínimo – em deixar a história descansar. Ela lembra vividamente de seu sentimento quando percebeu que seu trabalho com a história do *Crepúsculo* estava terminado. "Sabe, foi engraçado, pois estava esperando por esse sentimento de encerramento quando terminei o esboço", disse. "Estava esperando por ele novamente quando terminei a edição e sabia que seria impresso. Mas só veio mesmo até que os livros foram postos nas prateleiras e tive a sensação de cruzar a linha de chegada, como, 'Consegui! Consegui terminar!'"

Embora todos os seus livros tenham sido contratados para adaptações para as telas, ela não está pronta para "cortar o homem do meio" e escrever por si só um roteiro. "Acho que não poderia", ela admite, "a menos que Hollywood esteja pronta para uma experiência de um filme de catorze horas de duração. Não consigo pensar concisamente. Tenho que explorar cada detalhezinho. Realmente, admiro pessoas que conseguem vir, projetar e desenvolver toda a informação de forma tão simples, mas não consigo me imaginar fazendo isso – não é meu talento."

Não que ela esteja prestes a parar de escrever romances. Há muitos projetos ainda à espera para Stephenie. "Posso escrever algumas sequências para *A Hospedeira*, ou posso desenvolver algum rascunho de meus arquivos para poder brincar", disse. As opções são abundantes, e uma sequência para *A Hospedeira* parece a mais provável, dado o que Stephenie disse: "Aqueles personagens são difíceis de serem descartados." Ela acrescenta, "Não vou parar de escrever: existem muitas histórias que quero contar."

Há ainda um livro que ela começou a escrever, porém, colocou-o na gaveta – é de um gênero um tanto quanto surpreendente. "A história era boa, era provavelmente muito boa, exceto pelo fato de que era uma história *chick-lit*", ela diz. "Seria muito engraçada, mas acabei ficando entediada. Eram todos humanos, e isso não parece ser o bastante para mim. Preciso de um pequeno elemento fantástico para atrair meu interesse."

Ela pode ter posto de lado, mas não significa que tenha abandonado por completo. "Está parado no computador", disse. "Nunca nada é jogado fora."

Também chegou a comentar sobre concluir uma história de fantasmas chamada *Summer House* – "Estou bem empolgada com ela, porque consegui criar meu próprio mundo lá" – e, como ela chegou a sugerir, até mesmo um possível livro envolvendo sereias: "Adoro a ideia, e amo os personagens, mas não sei se posso fazê-lo."

Já escreveu um "manual de monstros" para a quarta edição do RPG *Dungeons & Dragons*. Será intitulado de *Stephenie's Sanctum*.

Os admiradores de *Crepúsculo* – ou Twihards – dão a impressão, a alguns observadores, de serem um exército. Sua paixão pelos livros, casada com sua habilidade na internet, combinadas com o fato de que, como garotas adolescentes, a maioria delas têm muito tempo livre, significando que sua força é sentida à flor da pele. Contudo, Stephenie considera-as mais uma família que um exército. "Tenho todas essas meninas como filhas", diz a mulher que apenas teve filhos homens. "Elas são impossíveis de não serem adoradas." Assim como nas famílias de verdade, existem pessoas de ambos os gêneros e de todas as idades incluídas. Como Stephenie notou com admiração pela conduta de seus fãs em eventos públicos, "São as mulheres de cinquenta anos que gritam mais alto!" Possa a família crescer e prosperar, Stephenie sempre estará em sua cabeceira.

Experienciou um sucesso enorme de maneira muito repentina graças à popularidade de seus livros. "Fico continuamente chocada com o sucesso de meus livros", diz. Dado que ela começou a trabalhar neles após simplesmente anotar os detalhes de um sonho, e que continuou a escrevê-los com apenas ela em mente, no papel de leitora – então apenas imaginou que veria alguns poucos livros à venda em uma pequena livraria – ela deve sentir-se, de fato, chocada por quão bem eles se saíram.

O sucesso não a modificou, no entanto. "Nunca considero isso como uma verdade eterna, e não conto com isso em minhas expectativas futuras. É uma coisa muito prazerosa, e me divertirei com isso enquanto durar. Sempre me considerei, acima de tudo, uma mãe. Portanto ser uma escritora não mudou muito minha vida – exceto pelo fato de que viajo muito mais e tenho muito menos tempo livre."

Em sua mente, continua uma mãe antes de tudo, depois uma esposa, filha e irmã, daí uma autora. Sendo assim, ela sente que seus livros – e os personagens ali contidos – são grandes criações que ajudaram a trazer um pequeno "extra" para a família. "Amo meus filhos. Cada um deles vale por tudo para mim, e os três valem por tudo vezes três, mas precisava de algo a mais, meu jeito de ser eu mesma", diz Meyer. "Senti como se algo estivesse faltando. Havia muita criatividade que não estava sendo usada. Deve ser por isso que tudo saiu de uma vez só. Foi um alívio ter algo que era apenas eu. É duro quando não se tem qualquer outra conversa a não ser 'Mamãe, cocô'", ela diz. "Personagens imaginários funcionam bem. Acho que sempre fui uma contadora de histórias. Só era muito tímida para compartilhá-las."

Assim como ela é uma mãe orgulhosa, também seus pais ficam orgulhosos por ela, ainda que um pouco surpresos pelo enorme sucesso de sua carreira como escritora. "Não podíamos imaginar que ela teria esse tipo de experiência em sua vida", diz Stephen Morgan, seu pai, que, junto com Candy, a mãe de Stephenie, e a irmã mais velha, Emily, lê tudo que ela escreve antes de submeter a qualquer olho profissional. "Fico orgulhoso pelo tipo de mãe que ela é. E fico orgulhoso por ela manter-se fiel ao que ela é realmente, mesmo que, quando tem mil pessoas gritando por você, não deve ser fácil. Fico feliz por ela ser da maneira que é."

E "a maneira que ela é" é inteiramente modesta e imutável devido a seu sucesso. Regularmente, ela é vista em seu local favorito para comer, o restaurante Horny Toad. "Stephenie e os meninos vêm aqui pelos hambúrgueres, mas ela não espera por nenhum tratamento especial", disse a garçonete. "Apenas tratamo-la como tratamos todas as outras pessoas. Ela era Stephenie muito antes de toda essa loucura começar. Não era do tipo que queria estardalhaços. A única diferença, hoje em dia, é que ela pede salada com seu hambúrguer, em vez das batatas fritas. Está tentando manter a forma. Diz que as imagens da imprensa sempre a deixam parecer mais gorda."

Stephenie vive em Cave Creek, Arizona. Sua casa é boa, porém modesta para uma mulher com sua fortuna. É uma casa de quatro quartos no fim de uma trilha. Harmoniza-se com o deserto em volta, quieto o bastante, com sua cor externa de areia. Contudo, a casa é cercada por portões de metal e tem uma câmera de vídeo de segurança, monitorando transeuntes, muitos deles fãs de *Crepús-*

culo. Os vizinhos dão pouca importância a qualquer fã ou repórter visitante que tente desenterrar algum "podre" da autora. "Por aqui, as pessoas valorizam sua privacidade e mantêm-se nessa intimidade", diz uma vizinha, sem nome, que vestia botas de cowboy. "O deserto é um lugar onde você vem para fugir do mundo. Aqui fora, só as estrelas estão no céu."

Para os fãs, porém, Stephenie é a maior estrela do firmamento literário. Assim como muitos fãs se apegam às suas palavras fictícias, igualmente valorizam seus pensamentos na vida real. Um dos legados que ela já deixou no mundo – e quão maravilhosamente estranho é falar sobre legados deixados por uma rica mulher na casa dos trinta – é que ela conseguiu inserir paixão literária em uma geração que havia abandonado os prazeres da leitura há muito tempo, preferindo os seus iPods, suas televisões à cabo e sites da internet. Não apenas conseguiu juntá-los aos milhões em livrarias ao redor do mundo, mas também já criou um novo exército de escritores em germinação. Para a maioria desses futuros "Stephenie Meyers", os sonhos sempre serão sonhos. Porém, para alguns, o sonho pode se tornar realidade e eles também poderiam saborear as maravilhas da fama literária, assim como ela.

Então muitos de seus fãs não conseguem evitar a pergunta e imaginam como Stephenie faz isso. Como pegar um desejo de ser escritora e transformá-lo em realidade, vendo seus livros impressos, e criando algo que as pessoas correrão até a livraria mais próxima para poder ter em mãos? Nem todos podem esperar pela sorte abusiva de ser tomado em uma noite por um sonho vívido que se transformaria em uma sensação literária e cinematográfica. Realmente, nem mesmo Stephenie imagina que será tão sortuda novamente. Não que ela acredita que precise de mais um desses para continuar a escrever.

"Não se consegue um sonho desses duas vezes", diz. "Consegui minha chance e sinto como se tivesse que continuar a escrever, e esse sonho foi meu ponta-pé inicial para continuar. Uma vez que o comecei, não precisei de outro sonho, pois, depois de ter descoberto como é incrível escrever, estava pronta para continuar nisso." Mesmo o grau de educação não é tão importante, segundo ela. "Não é necessário nenhuma graduação para ser publicado", diz. "Ter estudado literatura e línguas, definitivamente, ajuda na escrita. Aprendi tudo que sei sobre escrever a partir de todas as leituras que fiz em minha vida."

Para ela, os personagens têm sempre sido a parte mais importante de seus livros. Como deveria agir um aspirante a escritor ao tentar criar seus próprios seres imaginários, que poderiam viver, respirar e atingir as pessoas como Edward, Bella e Jacob? Em termos de desenvolvimento de personagem, ela aconselha, "Acho que tudo que tenho a dizer é, tente acreditar em seus personagens, deixe-os viver e tente ouvi-los. Deixe-os moldarem suas histórias em torno de seus verdadeiros personagens, ao invés de tentar introduzir seus personagens à força em sua história."

Então como – cá entre nós – deveriam esses Twihards ou fãs de A Hospedeira preencher seus sonhos e materializá-los nas páginas impressas como o/a próximo/próxima Stephenie Meyer? Para ela, a resposta é, deslumbrantemente, simples: "Acredite que você pode." No entanto, junto a essa crença, ela diz, é vital mais uma coisa – apenas comece a fazer. "Escreva alguma coisa todos os dias. Muitas pessoas vieram até mim e disseram que queriam escrever um livro, e eu sempre rio e digo, 'Bem, por que você não o faz?'"

Funcionou para ela, embora Stephenie permaneça humilde como sempre. "Não acho que eu seja uma escritora: acho que sou uma contadora de histórias", ela diz. "As palavras nem sempre são perfeitas."

BIBLIOGRAFIA DE STEPHENIE MEYER

Séries
Crepúsculo, Little, Brown, 5 de outubro de 2005.
Lua Nova, Little, Brown, 6 de setembro de 2006.
Eclipse, Little, Brown, 7 de agosto de 2007.
Amanhecer, Little, Brown, 2 de agosto de 2008.

Romances
A Hospedeira, Little, Brown, 6 de maio de 2008.

Coletâneas
Formaturas Infernais, HarperTeen, 24 de abril de 2007.

BIBLIOGRAFIA

Albert, Lisa Rondinelli, *Stephenie Meyer: Author of the Twilight Saga*, Enslow Publishers, 2009.

Beahm, George, *Bedazzled: A Book About Stephenie Meyer and the Twilight Phenomenon*, Underwood Books, 2009.

Housel, Rebecca and J. Jeremy Wisnewski, *Twilight and Philosophy: Vampires, Vegetarians and the Pursuit of Immortality*, Wiley, 2009.

Howden, Martin, *Blood Rivals*, John Blake, 2009.

Twenge, Jean M, *Generation Me: Why Today's Young Americans Are More Confident, Assertive, Entitled – And More Miserable Than Ever Before*, Free Press, 2007.

Conheça outros títulos da editora em:

www.pensamento-cultrix.com.br